상토시(강승우)

상급지 입성

삼토시(강승우)

마지막 기회가 온다

빅데이터로
짚어낸
다시 오지 않을
부의 타이밍

2026

2019

2014

위즈덤하우스

남은 시간이
많지 않다

말 그대로 남은 시간이 많지 않다. 우리나라가 지금까지 겪어보지 못한 인구 감소가 시작됐기 때문이다. 특히 출생아 수의 급감은 인구 감소를 가장 직접 느끼게 하는 요소다.

2002년부터 2016년까지 연간 40만 명대를 유지하던 출생아 수는 2017년 처음 40만 명 밑으로 내려간 이래 계속 줄어들다가 2023년에는 23만여 명을 기록했다. 연간 출생아 수가 44만여 명이었던 2013~2015년과 비교했을 때 10여 년 만에 반 토막이 난 것이다.

다음 페이지의 그래프에서 드러나다시피 2016년부터 출생아 수가 급감 했다고 볼 수 있는데 우리 사회가 그 여파를 이제부터 조금씩 체감할 것이다. 2016년부터 출생아 수가 줄었다면 당연하게도 2023년부터 초등학교 입학 생 수가 급감하기 시작한다. 중학교는 2029년, 고등학교는 2032년, 대학교는 2035년부터 입학생 수가 급감할 것이다. 2023년 출생아 수가 2013~2015

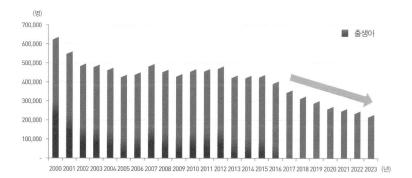

• 출처 : 통계청

년보다 반 토막이 났기 때문에, 간단하게 비유하면 2023년생이 입학하는 초등학교는 2030년, 중학교는 2036년, 고등학교는 2039년, 대학교는 2042년부터 절반이 사라져도 이상하지 않다. 지금도 2024년 신입생 기준으로 정원을 못 채운 대학이 169곳이나 되는 실정을 고려하면 절대 먼 미래의 일이 아니다. 오히려 그 여파가 앞으로 더욱 커질 것이라는 점이 무서운 대목이다. 그리고 시차를 두고 진행되는 교육 인프라의 붕괴는 이후 이들이 사회에 나올 시점에서 국방·노동·의료 등 각종 분야로도 그 영향이 퍼질 수밖에 없다.

부동산 시장도 마찬가지다. 인구 감소는 곧 주택 수요 감소로 이어진다. 주택 수요가 감소한다는 것은 결국 지금도 많은 빈집(2020년 기준 151만여 채)이 더욱 늘어난다는 것을 의미하고, 이는 결국 주택 매매 범위의 축소를 뜻한다. 그러나 이것이 당장 모든 부동산의 매력을 떨어뜨리는 것은 아니다.

인구가 감소하더라도 통화량은 계속 증가할 것이다. 하다못해 통화량이 증가하지 않고 정체하더라도 인구가 감소하면 1인당 통화량은 증가한다. 참고로 우리나라는 관련 통계의 집계를 시작한 1986년 이래 단 한 번도 연간 통화량이 줄지 않았다. 게다가 인구 감소로 잠재 성장률이 하락하면 금리 인하를 통한 유동성 확대로 경기 부양을 할 가능성이 어느 때보다 커질 것이다. 즉, 돈은 계속 풀릴 것이라는 의미다. 인구가 감소하는데 돈은 계속 풀린다면 이는 곧 양극화의 심화로 이어진다. 좀 더 알기 쉽게 설명해보겠다.

인구가 증가할 때에는 사실상 모든 지역, 모든 집의 수요가 있었다. 그것에 맞게 통화량도 전체 수요에 배분됐다. 인구가 줄어들면 결국 빈집은 늘어날 수밖에 없다. 외곽 지역(비핵심지)부터 임차 수요가 줄어들 것이고 투자 수요도 줄어들 것이다. 자연스레 사람들은 보다 중심 지역(핵심지)으로 몰려든다. 그런데 통화량은 계속 늘어난다(적어도 1인당 통화량은 늘어날 것이다). 다음 페이지의 그림에서 보자. 가령 20채의 20가구가 100이라는 통화량을 가지고 있었는데 인구 감소로 6채의 6가구가 120이라는 통화량을 가지게 되면 1채당 통화량은 5에서 20으로 늘어난다. 외곽 지역은 빈집이 늘어나는 반면, 중심 지역은 통화량 쏠림으로 더 비싸지는 것이다. 인구 감소로 핵심지와 비핵심지의 간극이 지금까지와는 차원이 다를 정도로 벌어진다.

물론 인구 감소에 상관없이 핵심지로 가려 시도하지 않고, 굳이 집을 사지 않은 채 빈집이 늘어나는 점을 활용해 비핵심지에서 싼 임대료를 내며 일생을 영위할 수도 있다. 그러나 문제는 인구 감소 영향이 교육 인프라의 붕괴부터 시작해 국방·노동·의료 등 각종 분야로 퍼진다는 점에 있다.

인구 감소가 본격화되면 '안되는 지역'의 행정 서비스와 인프라 정비 등에 행정력을 투입할 여유가 없어진다. 우리보다 먼저 인구 감소와 고령화 사회를 겪고 있는 일본 정부가 '콤팩트 시티' 구상을 발표해 '모여 사는' 정책에 초점을 맞추고 있는 이유이기도 하다. 인구를 핵심지에 모여 살게 함으로써 행정

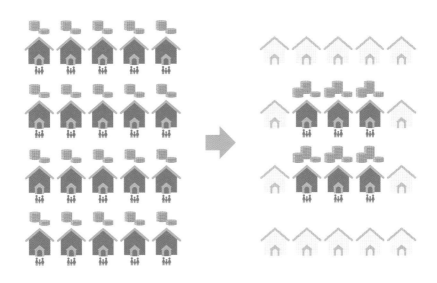

서비스와 인프라를 집중적으로 제공하고 행정력 낭비를 방지하겠다는 구상이다. 더 적나라하게 말하자면, 국민에게 "'되는 지역'에 모여 살라. '안되는 지역'은 사실상 내버려 두겠다"라는 메시지를 던진 셈이다.

　일본보다 더 가파른 인구 감소와 고령화를 앞둔 우리나라 역시 마찬가지다. 안타깝게도 모든 지역을 끌고 갈 여유가 없어진다. 따라서 비핵심지에서 값싼 임대료를 내며 살겠다는 선택은 실생활 측면에서도 매우 불편한 결과를 가져올 수 있다. 결국, 우리는 인구 감소 시대에 더욱 심해질 양극화를 심각하게 받아들이고 핵심지로 가려는 시도를 꾸준히 해야 한다.

　다음 그래프는 내가 종종 책이나 블로그에서 소개한 적이 있는데, 도쿄와 수도권 3개 현(가나가와, 치바, 사이타마)의 2000년 1월 매매지수를 100으로 전제하고 2024년 5월까지 그 추이를 그린 것이다.

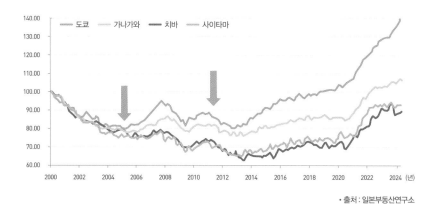

• 출처 : 일본부동산연구소

그래프를 보면 2개의 화살표가 보인다. 첫 번째 화살표는 2005년으로 현대 일본의 인구가 최초로 감소한 해이고, 두 번째 화살표는 2011년으로 이때를 기점으로 일본 인구는 줄곧 감소했다. 자세히 보면 2000년부터 2004년까지 도쿄와 수도권 3개 현은 비슷한 하락률로 매매지수가 내려갔는데 2005년 인구가 감소하자 도쿄와 수도권 3개 현의 매매지수 간에 괴리가 발생하기 시작했고, 2011년부터 인구 감소가 본격화되자 도쿄와 수도권 3개 현 간의 괴리가 점차 커지고 있음을 알 수 있다. 인구가 감소하자 핵심지로 사람이 몰리고 있음을 일본의 사례가 먼저 보여주는 셈이다.

예를 들어 저수지에 물이 가득 차 있다면 어느 곳에서나 물고기가 살 수 있지만, 가뭄이 오면(인구 감소가 시작되면) 가장자리(비핵심지)부터 말라붙고 물고기들은 살기 위해 저수지에서 가장 수심이 깊은 곳(핵심지)으로 몰릴 수밖에 없다. 보다 알기 쉬운 실생활의 사례를 들자면, 평소에는 아파트 지하 주차장에 차가 가득하다가 명절이 되면 가장자리(비핵심지)는 텅텅 비지만, 각 동의 엘리

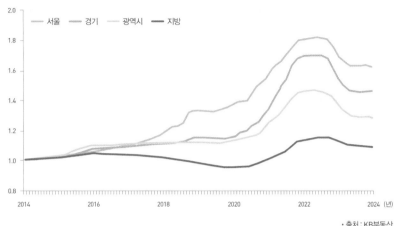

• 출처 : KB부동산

베이터 앞자리(핵심지)는 여전히 차들이 가득 주차된 모습을 목격할 수 있다. 인구가 감소할수록 핵심지와 비핵심지 간의 사이가 더 크게 벌어지는 것도 이유에서다. 이번에는 우리나라 상황을 살펴보자.

위의 그래프는 2014년의 서울·경기·광역시·지방(광역시 제외)의 매매지수를 모두 1.0으로 전제하고 2024년까지 추이를 그린 것이다. 2011년부터 인구 감소가 본격화된 일본의 경우 그 6년 전인 2005년부터 도쿄와 수도권 도시들의 차이가 벌어지기 시작했는데, 2021년부터 인구 감소가 본격화된 우리나라도 그 5년 전인 2016년부터 서울과 지방, 4년 전인 2017년부터 서울과 광역시의 차이가 벌어지기 시작했다. 그래프를 보면 경기도와 광역시의 차이도 2019년부터 벌어지기 시작했음을 알 수 있다. 인구 감소의 시작이 진정한 양극화의 문을 열어젖힌 셈이다.

과거에는 기회를 놓쳐도 다음 기회를 노리면 어느 정도 만회할 수 있었다.

전국 분위별 아파트 매매가 ━━━━━━━━

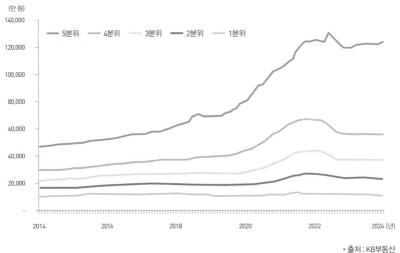

(만 원)

5분위　4분위　3분위　2분위　1분위

・출처 : KB부동산

경제는 성장하고 인구가 늘어났기에 어느 지역의 부동산을 사더라도 결국에는 올랐다. 그러나 지금까지의 성공 방정식이 바뀌고 있다. 점차 우리에게 주어지는 기회가 줄어들고 있다. 명확한 확인을 위해 좀 더 적나라한 그래프를 그려 보았다.

위의 그래프는 전국 아파트 매매가를 5개 분위로 나눠서 그 추이를 그린 것이다. 그래프에서 명확히 드러나듯이 전국 5분위(상위 0~20%) 아파트와 다른 분위 아파트의 차이는 날이 갈수록 커지고 있다. 특히 전국 1분위(상위 80~100%) 아파트 대비 5분위(상위 0~20%) 아파트의 매매가 배율은 매년 1월 기준으로 2014년 4.6배, 2015년 4.5배, 2016년 4.6배, 2017년 4.7배로 큰 변화 없이 움직이다가 2018년 5.1배, 2019년 6.1배, 2020년 6.9배, 2021년 8.6배, 2022년 9.8배, 2023년 10.4배, 2024년(10월) 10.9배로 매우 빠르게 커졌다. 즉, 2018년부터 양극화가 심해지고 있는 것이다. 이는 인구 감소 여파와 무관하지 않다.

갈수록 심해지는 양극화 속에서 다가올 기회를 놓친다는 것은 만회할 기회도 줄어든다는 것을 뜻한다. 이러한 상황 속에서 2026년 이후 공급 절벽이라는 '정해진 미래'는 흔치 않은 기회다. 그만큼 이번에 다가오는 기회를 포착하는 것이 절실하며, 특히 선택과 집중이 점점 더 중요해지고 있다. 부디 이 책을 통해 다가오는 상급지 입성의 마지막 기회를 놓치지 않길 바란다.

차례

1부 | 빅데이터로 짚어보는 부동산 투자 타이밍

1장 상승과 하락에 영향을 주는 요인

2장 둔촌 올림픽파크포레온 입주는 다가올 위기이자 기회

3장 대한민국 부동산의 정해진 미래 다섯 가지

4장 서울에만 집착하지 마라

5장 지방에서 새로운 기회를 잡아라

6장 아파트 추천 기준 다섯 가지

1부

빅데이터로
짚어보는
부동산
투자 타이밍

1장 | 상승과 하락에 영향을 주는 요인

2008년과 2022년에 부동산이 하락한 이유

주로 서울 부동산 시장을 들여다보는 나에게 2008년과 2022년은 큰 의미를 지닌 해였다. 1999년부터 시작된 장기 상승이 2008년에 마침표를 찍었고, 마찬가지로 2014년부터 시작된 장기 상승이 2022년에 일단락됐기 때문이다.

장기 상승이 마침표를 찍은 원인에 관해 외부 요인(2008년은 글로벌 금융위기, 2022년은 글로벌 인플레이션에 따른 금리 급등)을 거론하는 경우가 대다수이나, 나는 그것이 전부라고 보지 않는다. 외부 요인이 하락의 계기가 됐거나 하락 폭을 확대한 요소이기는 했으나 이미 그 이전에 시장은 하락으로 전환을 모색했다.

우선 2008년 상황을 보자. 서울 전세가율(KB부동산 기준)은 2003년을 정점으로 줄곧 하락하면서 매매가의 상승 동력을 잃고 있었다. 여기서 말하는 전세가율이란, 전세가를 매매가로 나눈 비중, 즉 매매가에서 전세가가 차지하는 비율이다. 이 전세가율이 2008년이 되자 40% 밑으로 내려가면서 매매가와 전세가의 갭이 역대 최대로 벌어졌다(이 당시 기록한 역대 최대의 갭은 아직도 깨지지 않았다).

세부 상황을 보면 더 명확하다. 서울 한강 이남은 2007년 상반기에 이미 전세가율이 40% 아래로 떨어지면서 매매가의 상승이 멈췄다. 그러나 서울 한강 이북은 같은 시기 전세가율이 50% 이상으로 아직 상승 동력이 있었고, 실제 한강 이남이 상승을 멈춘 2007년 상반기 이후에도 상승을 거듭했으나 2008년 하반기 전세가율이 40% 아래로 내려가자 한강 이북도 상승을 멈췄다. 마침 2008년 9월 리먼브라더스 파산으로 글로벌 금융위기가 촉발됐으나 이미 서울 부동산은 그 직전에 매매가와 전세가의 갭이 사상 최대로 벌어지면서 상승 동력을 상실하고 하락을 앞두고 있던 참이었다. 오히려 2008년 7월 리센츠, 8월 파크리오, 9월 엘스 입주로 1만 8,000여 호의 대규모 물량 폭탄이 떨어진 것이 하락 전환의 결정타였다.

2008년 글로벌 금융위기 때문에 하락한 것이 아니라 어차피 하락할 상황이었다고 보는 두 번째 이유는 대규모 부양책에도 불구하고 부동산이 잠시 반등했을 뿐 결국 하락했기 때문이다. 글로벌 금융위기의 대응 차원에서 기준금리를 2008년 9월 5.25%에서 2009년 2.00%까지 급격히 내린 데다 위례신도시 토지보상금까지 풀리면서 서울 부동산에 유동성이 공급됐다. 이를 바탕으로 매매가가 반등했으나 시장은 1년도 채우지 못하고 다시 고꾸라졌다. 그만큼 시장의 체력이 이미 떨어진 상태였다는 의미다.

2022년에는 어땠을까? 마찬가지로 서울 전세가율(KB부동산 기준)은 2016년을 정점으로 줄곧 하락하면서 매매가의 상승 동력을 잃어가고 있었다. 그런데 서울 부동산의 버블을 더 키우는 상황이 발생했으니 바로 임대차 3법의 시행이다.

　기본적으로 재화의 가치는 수급에 귀결한다. 따라서 유통 매물의 감소는 재화의 가치를 당연히 높인다. 그런데 임대차 3법, 특히 그 안에서도 계약갱신청구권의 도입은 전세 유통 매물을 급감시키면서 전세가를 급등시키는 결과를 초래했다(심지어 임대차 3법이 시행된 2020년의 서울 아파트 입주 물량은 5만 6,784호로 최근 20년간 최대 수준이었다). 참고로 2020년 전세가 급등을 두고 임대차 3법이 아니라 금리 인하의 영향이었다고 주장하는 일부 의견이 있으나, 해당 시기의 주차별 전세가 상승률이 두 차례의 금리 인하 때보다 임대차 3법 시행 이후 훨씬 큰 것만 보더라도 2020년 전세가 급등은 임대차 3법 시행 때문이었다고 할 수 있다.

　임대차 3법 시행으로 전세가가 급등한 결과, 2016년부터 줄곧 하락하던 서울 전세가율은 2020년에 반등하기에 이른다. 그리고 이는 2021년 갭투자 비율 급증으로 이어지면서 서울 부동산의 매매가를 더욱 상승시킨다. 2018년 4월 이후 다주택자 양도세 중과로 매매 유통 매물도 줄어든 상황에서 전세 유통 매물의 감소는 엎친 데 덮친 격이 됐고, 이는 펀더멘털을 웃도는 급등으로 이어졌다.

　나는 2021년 급등 전망을 각종 매체와 책에서 언급하는 한편 "2021년 급등이 가계가 수용 가능한 임계치로 다가가게 할 것"이라고 이야기했다. 실제 주택구입부담지수는 2021년 1분기 166.2를 기록하면서 전고점인 2008년 2분기 164.8을 뛰어넘었다. 다주택자 양도세 중과로 매매 매물이 줄어들었고 임대차 3법의 시행으로 전세 매물 역시 줄어든 와중에 코로나19로 유동성까지 풀리자, 2022년 3분기 주택구입부담지수는 214.6까지 거침없이 올랐다. 참고로 여기서 말하는 주택구입부담지수란 해당 지역의 중간소득 가구가 해당 지역의 중간가격 주택을 살 때 소득 대비 주택담보대출 원리금 부담 수준을 가리키는 것으로, 지수 100은 중간소득 가구가 소득의 25%를 주택담보대출 원리금에 사용하는 수준을 의미한다.

한국부동산원의 실거래가격지수에 따르면 서울 아파트 매매가는 2021년 11월 하락세로 전환해 2022년 12월까지 하락했는데, 매매가 상승률은 그 전인 2021년 6월 +2.3%→7월 +2.2%→8월 +2.0%→9월 +1.5%→10월 +0.3%로 상승 폭이 줄어들었다. 그런데 같은 기간 주택담보대출 금리(예금은행 신규취급액 기준 가중평균금리)는 2021년 6월 2.7%에서 10월 3.3%로 올랐으나 큰 수준의 상승은 아니었다. 그런데도 매매가가 하락한 것은 그만큼 버블이 커질 대로 커져 시장에 상승을 지속시킬 힘이 사라졌다고 봐야 한다(그 이후 2022년 10월 4.82%까지 주택담보대출 금리가 계속 오르면서 매매가 하락 폭을 키웠다).

2008년과 2022년은 각각 전세가율과 주택구입부담지수를 봤을 때 버블이 최대 수준으로 커졌고 시장이 더는 견디지 못해 하락했다는 공통점이 있다. 즉, 외부 이슈 때문에 하락한 것처럼 보이지만 실상은 오히려 커질 대로 커진 버블이 터지면서 하락했다고 보는 것이 옳다.

급락 이후 부양책이 미치는 효과

공통점은 이뿐만이 아니다. 그 이듬해인 2009년과 2023년은 부양책이 반등을 이끌었다.

2009년은 앞서 말한 것처럼 2008년 9월부터 2009년 2월까지 매월 기준금리를 인하했고(5.25%→2.00%) 위례신도시 토지보상금까지 풀리면서 서울 부동산이 곧바로 반등했으며, 2023년은 특례보금자리론과 50년 만기 주택담보대출이 시행되자 2022년의 급락 장세에서 벗어나 반등하기 시작했다. 사실 특례보금자리론과 50년 만기 주택담보대출이 강력한 효과를 가졌던 것은 기존의 DSR 규제를 회피했기 때문이다. 게다가 특례보금자리론의 자격 요건[주택 가격이 9억 원 이하인 차주가 소득 제한 없이 최대 5억 원까지 주택담보대출비율(LTV), 총부채상환비율(DTI) 한도 내에서 낮은 금리로 이용 가능]이 파격적이어서 시행 5개월 만에 28.2조 원이 소진됐다. 일각에서는 자격 요건 때문에 서울 상급지에 미치는 영향은 제한적일 것이라는 예상도 있었으나 실제는 그와 달랐다.

2022년 12월 평당 가격(부동산R114 기준)을 토대로 서울 25개 구를 줄 세우고 이를 편의상 1~5군으로 구분했다. 가령 1군은 평당 가격 1~5위 구, 2군은 평당 가격 6~10위 구, 3군은 평당 가격 11~15위 구다. 그렇게 분류해본 결과는 다음과 같았다.

평당 가격별 분류

1군 : 서초구, 강남구, 송파구, 용산구, 성동구

2군 : 양천구, 마포구, 광진구, 영등포구, 강동구

3군 : 중구, 동작구, 강서구, 서대문구, 동대문구

4군 : 은평구, 성북구, 관악구, 종로구, 노원구

5군 : 구로구, 중랑구, 강북구, 금천구, 도봉구

(2022년 12월 기준)

2022년 4분기 거래량 대비 2023년 1분기 거래량을 비교해보면 1군(+272%)과 4군(+286%)의 거래량 증가 폭이 서울 거래량 증가 폭(+223%)을 월등히 앞섰다. 그리고 2023년 1분기 거래량 대비 2분기 거래량을 비교해보면 1군(+59%), 2군(+67%), 3군(+59%)의 거래량 증가 폭이 서울 거래량 증가 폭(+52%)을 앞섰다. 1분기에는 1군과 4군의 거래량이 많이 늘었고, 2분기에는 1·2·3군의 거래량이 많이 늘었다는 것은 특례보금자리론으로 상급지로의 갈아타기가 확대됐음(1분기 4군→2분기 2·3군 거래량 확대)을 시사한다. 반면, 1군의 거래량 증가 폭이 컸던 것은 그동안 불가했던 15억 원 이상 주택 대출 허용이 큰 힘을 발휘한 것으로 보인다. 즉, 특례보금자리론은 하방부터 상방으로 온기를 불어넣은 강력한 부양책이었다는 결론을 내릴 수 있다.

그런데 정부가 가계부채에 대한 우려로 특례보금자리론 및 50년 만기 주택담보대출 제한에 나서자 시장이 2023년 4분기에 곧바로 상승을 멈추고 하락했다는 사실은 결국 2023년의 상승이 DSR 규제를 회피하는 파격적인 부양책에 기인했으며 시장의 펀더멘털은 상승 동력을 지속하기에 부족했다는 것을 방증한다.

장기간 상승으로 동력을 소진해 하락했던 2008년과 2022년, 유동성을 대폭 강화하는 부양책으로 반등했으나 시장 체력이 따라가지 못한 한계로 다시 4분기에 상승을 멈췄던 2009년과 2023년, 시장의 흐름이 굉장히 유사하다.

2010년 이후와 2024년 이후는 다르다!

사실 그 이후도 비슷한 모습이 눈에 띈다. 2010년 이후와 2024년 이후의 모습 중에 가장 큰 공통점은 바로 '공급 감소'다.

우선 2010~2013년 수도권 부동산은 하락장이었으나 다음 페이지의 그래

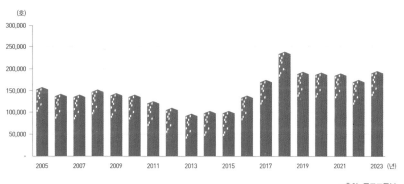

(호)

• 출처 : 국토교통부

프에서 보다시피 수도권 아파트 연평균 입주 물량이 11만 8,000여 호에 불과했다(2005~2009년 연평균 입주 물량 14만 7,000여 호보다 −20% 감소). 노무현 정부 시절 강화된 재건축·재개발 규제가 2010~2013년 공급 감소로 이어진 셈인데 2009년 판교신도시, 2011년 광교신도시가 입주를 개시했으나 재건축·재개발 공급 감소 폭이 더 커서 실제 입주 물량은 더욱 감소했다. 그렇다면 2024년 이후에는 어떨까?

다음 페이지 그래프에서 나타나는 수도권 아파트 착공 물량 추이를 보면 2019년부터 2021년까지 착공 물량이 상당한 수준에 이른다는 것을 확인할 수 있다. 이는 곧 2024년까지 입주 물량 역시 적지 않았다는 점을 시사한다. 그런데 그 이후 착공 감소 폭이 심상치 않다(2021년 23만 6,000여 호→2022년 14만여 호→2023년 10만 2,000여 호). 글로벌 인플레이션 심화에 따른 공사비 급등으로 현장에서 수많은 파열음이 들려온 결과다.

2010~2013년과 2024년 이후는 공급 감소라는 흐름을 보여주고 있으나

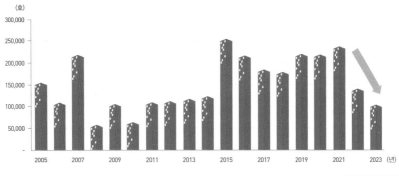

(호)

300,000
250,000
200,000
150,000
100,000
50,000

2005 2007 2009 2011 2013 2015 2017 2019 2021 2023 (년)

• 출처 : 국토교통부

문제는 2024년 이후의 공급 감소 폭이 훨씬 크다는 점이다. 게다가 이러한 상황이 언제 개선될지 알 수 없다.

또 하나는 출발점이 되는 전세가율이다. 2009년 말과 2023년 말의 서울 전세가율은 각각 40.6%, 51.9%로 2023년 말 전세가율이 11.3% 더 높다. 물론 일률적으로 비교할 수 없는 부분도 있다. 2008년에 처음 전세자금대출이 생겨 2009년은 전세자금대출의 태동기였고, 2023년에는 이미 전세자금대출이 널리 퍼졌기 때문에 전세가에 들어간 부채 규모가 매우 다르다. 그러나 그 점을 고려해도 2023년 말 전세가율이 2009년 말보다 상당히 높은 편이라는 점은 부인할 수 없다.

이것이 왜 중요할까? 입주 물량 감소에도 2010~2013년이 하락장이었던 이유는 다음과 같다. 2009년 역대 최저 전세가율에서 드러나듯 당시 역대 최대 수준의 버블(매매가와 전세가의 괴리)이 매매가에 껴 있어서 공급 감소가 힘을 발휘하지 못했다. 대신 2010~2013년 공급 감소는 전세가율을 꾸준히 상승

시켜 매매가의 상승 동력을 축적했다.

　그런데 2023년 말 전세가율은 2009년 말보다 11.3% 더 높다. 이런 상황에서 맞이하는 2024년 이후의 공급 감소는 마찬가지로 전세가율을 올리게 될 텐데 기준점이 2009년 말보다 10% 이상 높아서 매매가를 밀어 올리는 시점 역시 빨라질 수밖에 없다. 이런 이유로 2024년 이후의 흐름은 같은 공급 감소의 길을 걷는다고 하더라도 2010년 이후의 그것과 다르게 전개될 가능성이 크다.

규제의 아이러니

부동산 규제의 역사를 돌이켜보면 역효과를 낸 규제도 많다는 사실을 알게 된다. 보통 부동산에 대한 규제는 매매가의 상승 억제가 목적인 경우가 대부분이다. 그런데 실제로는 반대의 효과를 낸 것도 많으니 규제의 아이러니라 할 만하다. 그리고 이러한 규제들이 버블의 기준을 새로이 만들었다고 해도 과언이 아니다.

가장 대표적인 것이 '전세자금대출'이다. 전세자금대출은 무주택 서민의 주거비 부담을 줄이려는 목적에서, 2004년 한국주택금융공사가 출범해 은행에서 전세 자금을 빌릴 수 있도록 신용보증을 서는 것에서 시작됐다. 그 이후 전세자금대출 한도가 2008년 1억 원, 2009년 2억 원, 2013년 3억 원, 2015년 5억 원까지 커지면서 전세자금대출 잔액도 기하급수적으로 늘었다. 실제 전세자금대출 잔액 추이를 보면 2008년 말 0.3조 원 → 2012년 말 6.4조 원 → 2016년 말 36조 원 → 2021년 말 162조 원으로 폭발적으로 늘어났다.

문제는 전세자금대출의 급격한 증가가 무주택자의 주거비 부담 경감이라는 본래의 목적과는 달리 오히려 전세가 상승을 부추겼다는 것이다. 그 결과 세입자의 비용 부담이 커졌을 뿐만 아니라 갭투자도 늘어나면서 매매가가 오르는 상황까지 초래했다. 사실상 전세자금대출은 다주택자에게 무이자 대출을 공급하는 역할까지 하면서 시장에 주택담보대출 외에도 추가로 유동성을 공급하는 꼴이 됐다. 그런데 2016년 말부터 2021년 말까지 5년간 무려 126조 원이나 되는 돈이 전세자금대출의 형태를 띠고 시장에 풀렸다. 전세가 폭등은 물론이요, 매매가가 안 오르는 게 이상한 수준이다. 과거보다 거품이 커질 수밖에 없는 이유다. 게다가 전세자금대출이 앞으로도 사라지기 힘든 제도라고 볼 때 이제는 이를 변수가 아닌 상수로 판단하는 게 옳다. 즉, '뉴노멀'이 된 셈이다.

두 번째는 '다주택자 양도세 중과'다. 1주택자가 무주택자로 돌아가는 선택을 하기가 어렵다고 볼 때 시장을 하락으로 이끌 매물은 다주택자에게서 나와야 한다. 그런데 다주택자 양도세 중과를 시행할 경우, 매매 유통 매물이 줄어 집값이 오른다. 실제 다주택자 양도세가 중과된 2006년과 2018년에 집값이 급등했고 다주택자 양도세 중과가 유예된 2009년과 2022년에 집값이 하락한 사례가 이를 입증한다. 특히 2018년 집값 급등 사유를 두고 당시 정부가 대출을 많이 풀어서 그렇다는 주장도 있는데 실상은 그렇지 않다. 그 이유를 하나씩 확인해보자.

다음 페이지에 있는 표를 보면 조금 신기할 것이다. 2017년보다 2018년에 기준금리가 오르면서 주택담보대출과 가계부문 통화량 증가율은 줄었는데 아파트 입주량은 늘었다. 즉, 유동성이 조여졌는데 공급은 늘어난 것이다. 그런데 오히려 집값은 2017년보다 2018년에 훨씬 많이 올랐다는 게 이상하지 않은가! 그 해답은 다주택자 양도세 중과에 따른 유통 매물 감소 효과 외에 설명할 길이 없다. 다주택자를 규제함으로써 집값을 내리려고 했던 것이 오히려 역효과를 낸 셈이다.

	2017년	2018년
기준금리	1.25%	1.50%
주택담보대출(신규)	76조 원	50조 원
가계부문 통화량 증가율	+6%	+4%
아파트 입주량	(전국) 39만 호 (서울) 3만 호	(전국) 48만 호 (서울) 4만 3,000호
아파트 중위매가 상승률(KB부동산)	(전국) +6% (서울) +14%	(전국) +10% (서울) +23%

    마지막은 '임대차 3법 시행'이다. 2020년은 아파트 입주 물량이 매우 많은 해였다. 전국 37만 3,000여 호, 서울 5만 7,000여 호가 입주했는데 이는 2011~2020년 연평균 입주 물량(전국 31만 7,000여 호, 서울 3만 7,000여 호)보다 각각 +18%, +54%나 많은 물량이었다.

    입주 물량이 많으면 전세가는 당연히 하방 압력을 받게 마련이다. 수급의 영향을 가장 많이 받는 게 전세가이기 때문이다. 따라서 2020년의 입주 물량은 전세가에 하방 압력으로 작용할 가능성이 컸고 이는 매매가 상승세에도 찬물을 끼얹을 수 있었다.

    실제 2019년 아파트 입주 물량도 상당했기 때문에(전국 40만 1,000여 호, 서울 4만 6,000여 호) 전세가가 매우 안정됐다(아파트 중위 전세가 기준 상승률, 전국 –1%, 서울 +2%). 그런데 2020년 입주 물량이 상당한 수준이었음에도 전세가는 오히려 크게 뛰고 말았고(전국 +22%, 서울 +28%), 이것이 매매가도 밀어 올렸다.

    임대차 3법으로 전세 유통 매물이 감소해 전세가 급등을 초래했다고 볼 수

(%)

임대차3법 시행

임대차3법 발의

금리 인하

금리 인하

• 출처 : KB부동산

있다. 다주택자 양도세 중과와 마찬가지로 '매물을 틀어막는 부작용'으로 수급이 틀어진 대표 사례다. 서민의 주거 안정을 위한다는 명목의 전세자금대출과 임대차 3법이 오히려 전세가를 폭등시켰다니 규제의 아이러니라고 말할 수밖에 없는 것이다.

2020년 입주 물량이 많았음에도 전세가가 급등한 것을 두고 금리 인하 때문이었다는 일각의 주장도 있다. 하지만 2019년 기준금리가 1.75% → 1.25%로 떨어질 때도 전세가가 안정적이었는데 2020년 기준금리가 1.25% → 0.5%로 떨어졌다고 전세가가 폭등했다는 것은 앞뒤가 맞지 않는다. 실제 2020년 기준금리 인하 때도 잠잠하던 전세가는 임대차 3법 발의 및 시행 이후 전세 유통 매물이 급감하면서 크게 폭등했고, 한국은행도 2020년 전세가 급등이 금리 인하 때문이 아니라 임대차 3법 때문임을 강조한 바 있다.

그런데 과거보다 버블을 키우는 데 크게 일조한 삼각편대, 즉 전세자금대출, 다주택자 양도세 중과, 임대차 3법 시행이 그 힘을 잃고 있다.

우선 2021년까지 거침없이 늘어나던 전세자금대출 잔액이 2021년 말 162조 원에서 2023년 10월 161조 원으로 더는 늘어나지 않고 있다. 이는 크게 두 가지 요인이 있는데, 첫째는 전세가가 2021년 고점을 찍고 내려오면서 전세자금대출의 필요성이 줄어들었으며 둘째는 금리가 높아지면서 전세대출을 감당하기 어려워 전세 수요 상당수가 월세로 옮겨갔기 때문이다. 이역시 임대차 3법의 여파라고 볼 수 있는데 전세가가 펀더멘털 이상으로 오버슈팅됐다가 회귀하면서 벌어진 일이다. 결과적으로는 전세자금대출의 힘은 2021년에 극대화됐다가 2023년에 축소됐다. 물론 향후 공급 감소와 금리 인하가 예상되고 있는데 이 경우 전세자금대출은 다시 그 힘을 발휘할 것으로 보인다.

다주택자 양도세 중과는 어떤가. 2022년 5월 정부는 다주택자 양도세 중과를 유예했고 이 조치를 2025년 5월까지 연장 적용하기로 했다. 앞서 다주택자 양도세가 중과된 2006년과 2018년에 집값이 급등했고 다주택자 양도세 중과가 유예된 2009년과 2022년에 집값이 하락했다고 언급한 바 있는데, 이렇듯 다주택자의 매물을 출회시키는 정책은 매물을 증대시켜 집값을 떨어뜨렸다. 이 조치가 앞으로도 계속될 것으로 보이기 때문에 다주택자 양도세 중과의 힘도 현재로서는 사라진 셈이다.

마지막으로 임대차 3법 시행이다. 임대차 3법에 따른 전세가 급등의 메커니즘은 다음과 같다.

① 10채의 전셋집이 있고 12가구의 전세 수요가 있다면 전세 경쟁률은 1.2대1이 되고 전세가는 그 경쟁률을 기준으로 형성된다.

② 그런데 10채의 전셋집 중 8채에서 계약갱신청구권을 사용하면 2채의 전셋집과 4가구의 전세 수요가 남는다.

③ 그럼 남은 전셋집의 경쟁률은 2대1이 되고, 경쟁률이 1.2대1에서 2대1로 급등하면서 전세가도 크게 상승한다.

사실 많은 기관과 전문가들이 2022년 하반기에 전세가가 폭등하리라 전망했다. 계약갱신청구권을 사용했던 집들의 갱신청구권이 만료되면 이미 오른 전세가로 계약이 체결될 거라고 믿었다. 그러나 나는 그렇게 흘러갈 거라고 보지 않았고 여러 매체와 칼럼들을 통해 오히려 전세가가 떨어질 것이라고 주장했다. 계약갱신청구권으로 묶여 있던 전세 매물이 풀리면서(나는 이를 '임대차 3법의 되돌림 현상'이라고 명명했다) 전세 경쟁률이 회귀해 2020년에 펀더멘털보다 오버슈팅됐던 전세가가 다시 하락할 것이라고 주장한 것이다. 실제 임대차 3법으로 전세가가 폭등했던 이유를 정확히 알았다면 그 2년 뒤 전세가가 하락할 수밖에 없는 이유도 알게 된다. 임대차 3법의 힘도 2022년에 한풀 꺾인 셈이다.

버블을 그 어느 때보다 키우는데 일조한 전세자금대출, 다주택자 양도세 중과, 임대차 3법 시행은 일정 부분 그 힘을 잃었다. 그러나 이러한 상황을 극복할 새로운 상승 동력이 다가오고 있는데 이는 뒤에서 언급하도록 하겠다.

2장 　둔촌 올림픽파크포레온 입주는 다가올 위기이자 기회

서울 아파트, 첫 번째 기회

나는 2018년 11월에 《서울 아파트 마지막 기회가 온다》에서 2019년에 찾아올 조정장을 매수 기회로 활용할 것을 제안했다. 그때 그렇게 판단한 이유를 먼저 되짚어보자.

KB부동산에서 2015년에 만든 그래프가 있는데 1986년부터 서울 아파트의 매매지수와 전세지수를 그린 것이었다. 나는 여기에 더해 2017년 2분기의 매매지수와 전세지수를 각각 100으로 설정하고 매매지수와 전세지수의 추이를 2018년 2분기까지 재구성했다. 다음 페이지의 그래프에서 별도로 표시한 두 개의 원은 매매지수와 전세지수가 만난 구간을 의미한다. 첫 번째 원에서는 2000년 1분기부터 2002년 2분기까지 10분기 동안 매매지수와 전세지수가 교차한 후 함께 상승했고, 2002년 3분기부터 두 지수가 디커플링(탈동조

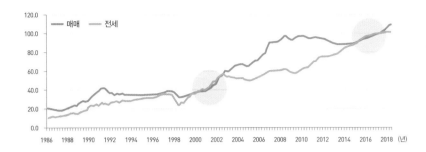

화)됐다. 두 번째 원에서는 2015년 2분기부터 2017년 2분기까지 9분기 동안 매매지수와 전세지수가 교차한 후 함께 상승했고, 2017년 3분기부터 두 지수가 디커플링됐다.

전세지수의 강력한 뒷받침을 토대로 매매지수가 함께 오르다가 투자 수요의 유입으로 두 지수가 디커플링되기 시작한 게 2002년 3분기와 2017년 3분기부터다. 전세지수 대비 매매지수 초과 상승이 각각 2003년과 2018년까지 이어지다가 2004년과 2019년에 입주 물량의 확대와 맞닥뜨린다. 결국, 2019년도 2004년처럼 하락할 가능성이 크다고 판단했다. 상승이 5년째 이어진 상태에서 입주 물량이 쏟아지는 상황 역시 2004년과 2019년의 공통점이었다. 그뿐만이 아니다.

다음 페이지의 그래프는 서울 주택구입부담지수 추이이다. 앞서 간단히 소개한 '주택구입부담지수'를 이번에 좀 더 자세히 짚고 넘어가겠다. 주택구입부담지수란 중간소득 가구가 표준대출을 받아 중간가격 주택을 사는 경우의 상환 부담을 나타낸다. 지수 100은 주택담보대출 상환으로 가구 소득의 약 25%를 부담한다는 의미다. 가령 서울 주택구입부담지수가 100이라고 한다

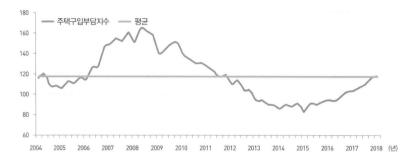

• 출처 : 주택금융연구원

면, 중간소득의 서울 가구가 중간가격의 서울 주택을 살 때 주택담보대출 원리금 상환에 소득의 약 25%가 필요하다는 것을 의미한다. 주택구입부담지수가 부동산의 버블 수준을 판단하는 데 유의미한 지표라고 판단한 이유는 집을 살 때 필요한 소득 대비 대출 원리금 상환 부담을 수치화해서다. 소득 대비 집값을 나타내는 PIR은 주택 구매에 큰 영향을 주는 금리가 배제돼 있기에 주택구입부담지수가 더 실질적이고 유의미한 지표다. 물론 주택구입부담지수가 후행 지표라는 단점이 있고, 과거보다 주택담보대출 만기가 늘어나면서 실제 소득 대비 원리금 상환 수준이 겉으로 드러나는 지수보다 낮아졌다는 지적도 있다. 그러나 주택구입부담지수 전고점(2008년 2분기) 당시는 대출 원리금 상환 유예 기간(거치 기간)이 길었던 반면, 지금은 원리금을 같이 갚아나가는 시기가 빨라지면서 부담이 늘어난 측면도 있어서 과거와의 비교 자체가 의미 없다고 할 수는 없다.

다시 그래프로 돌아가 보면 2004년부터 2018년까지의 서울 주택구입부담지수 추이를 보니 지수는 2015년 저점 이후 계속 상승했다. 그러나 2018년을 보면 여전히 중장기 평균과 큰 차이가 없는 수준이었다. 전고점인 2008년 2분기 164.8과는 큰 괴리가 있어 지난 5년간 계속 상승했더라도 2018년 서울 주택 가격이 '버블'이라고 보기는 어려웠다. 2019년 입주 물량 확대를 맞이해 조정장이 와도 과거보다 낮은 주택구입부담은 언제든 다시 매매가를 상승시킬 수 있다고 봤다. 이러한 이유로 2019년 조정장을 매수 기회로 활용할 것을 제안했다.

서울 아파트, 앞으로의 기회

이제 두 번째 기회가 눈앞에 왔다. 왜 그렇게 보는지 지금부터 그 이유를 살펴보자. 2024년 2월 29일, 국회는 분양가 상한제 적용 아파트의 실거주 의무를 3년 동안 유예하는 내용을 담은 주택법 개정안을 통과시켰다. 이 조치로 자력으로 잔금 납부가 어려웠던 청약 당첨자들은 전세를 놓는 방식으로 급한 불을 끌 수 있게 됐다. 일각에서는 이번 조치가 실거주 의무의 취지, 즉 갭투자와 같은 거주 목적이 아닌 시세차익 등을 목적으로 하는 투기 세력이 분양주택에 당첨되지 못하도록 예방하는 목적을 훼손한다고 반발했다. 그러나 결과적으로 이 조치는 집값 안정화 효과를 거둘 것이다. 과거보다 주택을 사기 어려워진 상황에서 매매가가 전세가에 기대는 정도가 더 커졌기 때문에 전세 매물 확대를 초래하는 이번 조치는 매매가에도 영향을 미칠 게 분명하다.

헬리오시티의 입주 때 2018년 12월 서울 아파트 전세가율은 59.4%였던 반면, 둔촌 올림픽파크포레온(둔촌 주공 재건축)의 입주 2개월 전인 2024년 9월

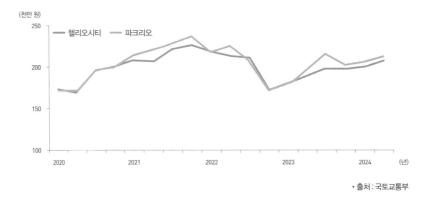

파크리오와 헬리오시티의 전용면적 84㎡ 분기별 평균 실거래가

(천만 원)

헬리오시티   파크리오

• 출처 : 국토교통부

서울 아파트 전세가율은 53.9%다. 2018년 12월보다 매매가를 지탱하는 전세가의 힘이 약하므로 둔촌 올림픽파크포레온의 입주 여파가 헬리오시티의 그것을 능가할 수 있다.

상급지의 상승 행진도 둔촌 올림픽파크포레온 입주 영향으로 타격을 받을 가능성이 크다. '선택지의 확대' 때문이다. 송파구 신천동에 있는 파크리오와 송파구 가락동에 있는 헬리오시티는 입주 당시부터 굉장히 많이 비교됐다. 입지의 파크리오냐, 신축의 헬리오시티냐 라는 논쟁은 부동산 카페에서 해묵은 논란거리였다. 실제 파크리오와 헬리오시티는 매우 유사한 가격대를 유지해왔다.

위의 그래프에서 보듯 2020년부터 2024년 2분기까지의 전용면적 84m^2 분기별 평균 실거래가 추이를 보면 파크리오가 근소하게 앞서는 것으로 보이나 전반적으로는 크게 다를 게 없는 수준이다. 그런데 문제는 둔촌 올림픽파크포레온이다.

둔촌 올림픽파크포레온의 입주 시기가 조금씩 다가오면서 헬리오시티와 둔촌 올림픽파크포레온을 비교하는 논쟁의 빈도가 눈에 띄게 늘고 있다. 과거 파크리오와 헬리오시티를 비교할 때와 비슷한 느낌으로, 입지의 헬리오시티냐 신축의 둔촌 올림픽파크포레온이냐 비교부터 둔촌 올림픽파크포레온이 입지도 헬리오시티에 밀리지 않는다는 논쟁까지 다양한 이야기가 나오고 있다.

둔촌 올림픽파크포레온과 헬리오시티의 매매가가 별 차이 없는 수준이라고 가정해본다면, 둔촌 올림픽파크포레온 입주는 비슷한 가격대의 선택지가 늘어나는 효과를 불러일으킨다. 비슷한 가격대에서 입지의 파크리오냐 준신축의 헬리오시티냐 신축의 둔촌 올림픽파크포레온이냐로 수요가 분산되는 것이다. 이는 매매뿐 아니라 전세에도 해당하는 이야기다. 각자 선호하는 요소에 따라 선택이 갈리겠으나 결국 높은 가격대에서 선택지가 나뉘면서 수요가 분산되는 셈이라 상급지의 상승에도 영향을 줄 것이다.

헬리오시티와 둔촌 올림픽파크포레온의 데자뷔

둔촌 올림픽파크포레온의 입주뿐만이 아니라 그 이후 상황도 기시감이 든다. 헬리오시티는 2018년 12월 31일부터 입주하기 시작했는데 그 이후에도 강남구 개포동 및 강동구 고덕동의 대단지가 입주하면서 서울 전세가를 떨어트렸다.

둔촌 올림픽파크포레온 입주 이후에는 어떨까? 놀랍게도 헬리오시티 입주 이후와 마찬가지로 둔촌 올림픽파크포레온 입주 이후에도 대단지 입주가 이어질 예정이다. 그 규모를 보면 헬리오시티 입주 이후 물량보다 둔촌 올림픽

2018년 말 헬리오시티 입주 이후		2024년 말 둔촌 올림픽파크포레온 입주 이후	
2019년 2월	개포 래미안블레스티지 (1,957호)	2025년 1월	이문 래미안라그란데 (3,069호)
2019년 6월	명일 래미안솔베뉴 (1,900호)	2025년 3월	장위 자이레디언트 (2,840호)
2019년 9월	개포 디에이치아너힐즈 (1,320호)	2025년 6월	신반포 메이플자이 (3,307호)
	고덕 그라시움 (4,932호)		휘경 자이디센시아 (1,806호)
2019년 12월	고덕 센트럴아이파크 (1,745호)	2025년 11월	청담 르엘 (1,261호)
			이문 아이파크자이 (4,321호)
	고덕 롯데캐슬베네루체 (1,859호)		중화 리버센SK뷰롯데캐슬 (1,055호)

파크포레온 입주 이후 물량이 오히려 더 많다.

위의 표에서 보다시피 2018년 말 헬리오시티 9,510세대와 2019년 상반기 입주 단지인 개포 래미안블레스티지, 명일 래미안솔베뉴를 합치면 1만 3,367세대인데, 2024년 말 둔촌 올림픽파크포레온 1만 2,032세대와 2025년 상반기 입주 단지인 이문 래미안라그란데, 장위 자이레디언트, 신반포 메이플자이, 휘경 자이디센시아를 합치면 2만 3,054세대로, 2배 가까운 수량이다. 2019년 상반기에 서울 전세가가 하향 조정됐음을 상기한다면 2025년 상반기에는 전세가 하방 압력이 당시보다 더 클 것이라는 점을 쉽사리 짐작할 수 있다.

이뿐만이 아니다. 서울 서남권과 가까운 광명시에도 대규모 입주 물량이 기다리고 있다. 2024년 12월 트리우스 광명(3,344세대), 2025년 5월 철산 자이 더헤리티지(3,804세대), 2025년 11월 광명 센트럴아이파크(1,957세대), 2025

년 12월 광명 자이더샵포레나(3,585세대)가 입주 예정으로, 합하면 1만 2,690세대다. 표에는 서울 입주 단지만 넣다 보니 광명 입주 단지는 빠져 있지만, 서울 외 지역으로는 유이(唯二)하게 과천과 더불어 02 전화번호를 쓰던 곳이 광명일 정도로 서울과 가깝다. 사실상 서울권으로 분류될 수준인 만큼 광명의 입주 물량도 서울에 영향을 미친다. 아직 조금 더 추이를 지켜봐야 하나, 2025년 12월 잠실 르엘 1,910세대와 잠실 래미안아이파크 2,678세대가 동시에 입주할 경우도 시장에 영향을 줄 것으로 예상한다.

헬리오시티 입주 때보다 더 낮은 전세가율 속에서 맞이하는 둔촌 올림픽파크포레온의 입주. 헬리오시티 이후 입주 물량보다 더 많은 둔촌 올림픽파크포레온 입주 이후 물량. 이렇게 이어지는 대단지의 입주는 시장에 반드시 하방압력을 제공할 것이다. 그리고 이는 서울 부동산 진입을 계획하는 이들에게 두 번째 기회를 제공할 것이다. 이것이 '두 번째 기회'라면 그 이후 상승을 예상한다는 의미가 되는데 3장부터는 왜 그렇게 보고 있는지를 이야기할 예정이다.

강남 3구
입주 물량의 의미

2004년, 2008년, 2019년.

이 해들은 2000년부터 2021년까지의 기간 동안 2010~2013년의 중장기 하락장을 제외하고 서울 부동산이 6개월 이상 하락한 적이 있는 해다. 중장기 하락장이 아닌 해였는데 6개월 이상 하락했다면 어떤 일이 있었던 걸까? 해답은 '강남 3구 입주 물량'에 있다.

강남 3구 입주 물량은 2004년 1만 6,000여 호, 2008년 2만 5,000여 호, 2019년 1만 5,000여 호를 기록했다. 참고로 2018년 12월 31일부터 입주를 시작한 헬리오시티를 2019년 입주 물량으로 간주했다. 위 물량은 직전 2년간 연평균 입주 물량의 163%, 197%, 259%에 해당하는 수준이었다. 가령 강남 3구의 2002~2003년 연평균 입주 물량이 1만여 호였던 것에 비해 2004년에는 1만 6,000여 호가 입주해 163%에 이르렀다.

직전 2년간 연평균 입주 물량 대비 각각 1.6배, 2.0배, 2.6배에 해당하는 물량이 입주했으니 자연스레 시장에 미치는 영향도 클 수밖에 없었다. 참고로 2004년, 2008년, 2019년의 서울 전체 입주 물량은 직전 2년간 연평균 입주 물량 대비 각각 125%, 133%, 180%였다. 강남 3구를 제외하고는 입주 물량 증가 폭이 크지 않았다는 이야기다. 즉, 2004년, 2008년, 2019년에 6개월 이상 조정장을 겪은 이유 중 하나가 '강남 3구 입주 물량'이라는 뜻이다. 그렇다면 강남 3구 입주 물량이 갖는 의미는 무엇일까?

첫째, 알다시피 강남 3구는 서울에서 가장 고가의 아파트가 집중된 곳이다. 이곳의 신축이라면 응당 가장 비싼 아파트에 속할 것이다. 즉, 서울 부동산의 '천장'이라고 표현할 수 있다. 강남 3구 입주 물량이 많아진다는 것은 '서울 부동산의 천장을 낮추는(또는 낮출 가능성이 있는) 효과'를 가져온다. 천장이 낮아지면 결국 강남 3구 밑에 있는 지역에까지 영향을 미친다.

둘째, 유동성의 흡수다. 강남 3구의 신축 입주 물량은 매매가가 됐든 전세가가 됐든 전국뿐 아니라 서울에서도 가장 높은 가격에 속한다. 따라서 강남 3구의 입주 물량이 늘어나면 매매든 전세든 간에 유동성 흡수량이 다른 곳보다 훨씬 많아진다. 강남 3구의 입주 물량이 다른 지역의 입주 물량보다 시장에 미치는 영향이 큰 이유 중 하나다. 같은 1만 세대의 입주라도 강남 3구의 1만 세대와 다른 지역의 1만 세대는 시장에 미치는 영향이 다르다는 의미다.

물론 다른 지역의 입주 물량이 중요하지 않다는 것은 아니다. 뒤에 자세히 설명하겠지만 수도권 입주 물량과 서울 아파트 전세가는 음(陰)의 상관관계가 있다. 즉, 서울뿐 아니라 수도권의 입주 물량은 서울의 전세가에 분명히 영향을 미친다. 그러나 수도권의 입주 물량이 서울에 점차 그리고 연쇄적으로 영향을 미치는 것에 반해, 강남 3구의 입주 물량은 서울 부동산 천장의 높낮이에 직접적 영향을 미치는 인자다. 서울 부동산 전체에 즉각 영향을 미치는 것이 2004년, 2008년, 2019년의 6개월 이상 하락으로 확인됐다.

앞서 언급한 내용을 다시 정리하면 다음과 같다. 강남 3구 입주 물량이 1만 5,000여 호를 넘겼거나 직전 2년과 비교했을 때 입주 물량이 크게 많아졌다면 서울 부동산 시장은 하락했다. 그런 관점에서 향후 강남 3구 입주 물량을 알아보자.

2024년에는 강남 3구 입주 물량이 거의 없었던 반면, 2025년은 적지 않은 물량이 기다리고 있다. 우선 신반포 메이플자이(3,307호), 청담 르엘(1,261호), 잠실 래미안아이파크(2,678호)만 떠오르는데 둔촌 올림픽파크포레온(1만 2,032호)의 존재도 잊어서는 안 된다. 사실 '강남 3구'라는 개념은 지역적 의미지만 실제는 서울 부동산의 천장 역할, 즉 고가 아파트를 상징한다. 그런데 둔촌 올림픽파크포레온은 송파급 수준이기 때문에 사실상 '강남 3구' 물량으로 간주했다. 둔촌 올림픽파크포레온은 2024년 11월 말부터 2025년 3월까지를 입주 시기로 잡고 있어 사실상 상당수 물량을 2025년 입주 물량으로 간주해도 무방한 상황이다. 신반포 메이플자이, 청담 르엘과 잠실 래미안아이파크 물량까지 합치면 사실상 1만 5,000여 호를 넘기 때문에 서울 부동산에 하방 압력을 가할 수 있는 수준이다.

2018년 12월 31일 헬리오시티 입주 당시 서울 아파트 전세가율은 59.4%였으나 헬리오시티 9,510호 입주로 서울 부동산은 6개월간 흔들렸다. 그리고 2024년 9월 서울 아파트 전세가율은 53.9%이다. 즉, 헬리오시티 입주 당시보다 매매가를 떠받치는 전세가 수준(전세가율)이 약한 상황 속에서 헬리오시티보다 더 큰 둔촌 올림픽파크포레온 1만 2,032호가 입주를 시작한다면 시장이 흔들리지 않는 게 이상하다. 그리고 그 혼돈이 서울 부동산 진입을 노리는 이들에게 기회가 될 것이다.

3장 | 대한민국 부동산의 정해진 미래 다섯 가지

1. 공급 부족

지금으로부터 20여 년 전인 2002년, 모두가 알다시피 월드컵이 우리나라와 일본의 공동 개최로 열렸다. 당시 나는 주식 초보였으나 월드컵 관련 주식이 뭐가 있을까 생각해보고 투자를 결심했다. 2001년 9.11 테러로 주가가 곤두박질치면서 공포가 시장을 지배했으나 그때 나는 젊은 패기로 주식 시장의 오래된 격언인 "공포에 사서 환희에 팔아라"를 몸소 실천했다.

'Simple is the best(단순한 것이 최고)'라는 생각으로 간단히 종목을 선정했다. 월드컵이 열린다면 외국인들이 비행기를 타고 올 것이니 '대한항공', 외국인들이 입국해서 묵을 숙소를 잡을 테니 '호텔신라', 많은 사람이 TV로 경기를 볼 것이니 'SBS', 월드컵 특수를 타고 광고 시장이 물 만난 고기가 될 테니 'LG애드'를 매수했는데 실제 4개 종목 모두 매우 높은 수익률을 기록했다. 이후 내가 주식 투자에 소질이 있다고 착각해 테마주를 건드렸다가 큰 손실을 본 것은 아픈 과거지만 말이다.

월드컵 개최를 활용해 관련주를 샀듯이 '정해진 미래'를 내다보고 투자하면 승산이 높다. 그렇다면 부동산 분야에서 우리가 맞이할 정해진 미래에는 무엇이 있을까? 역시 눈에 띄는 것은 '공급 급감'이다. 앞서 수도권 아파트 착공 물량이 2021년 23만 6,000여 호를 정점으로 2022년 14만여 호, 2023년 10만 2,000여 호로 급감하고 있다는 사실을 언급하면서 이는 글로벌 인플레이션 심화에 따른 공사비 급등 여파 때문이라고 설명한 바 있는데 이러한 추세는 꺾일 기미가 보이지 않는다. 실제 2024년 9월까지도 10만여 호만 착공돼 공급 부족 추세가 계속될 것임을 알리고 있다.

여기서 잠깐 수도권 입주 물량의 중요성을 짚고 넘어가도록 하겠다. 두 지표 간의 상관관계를 설명할 때 상관계수라는 지표를 뽑는데, 통상적으로 상관계수가 절댓값으로 ±0.5를 넘어서면 유의미한 상관관계가 있다고 본다. 그렇다면 여기서 서울 아파트 전세가와 수도권 및 서울 아파트 입주 물량 사이의 상관계수를 한번 살펴보자.

많은 사람이 착각하는 점 중의 하나가 이것이다. 대부분 서울 아파트 전세가는 서울 아파트 입주 물량과 밀접한 관련이 있다고 보는데 사실은 그렇지 않다. 다음 페이지의 표에서 보듯 서울 아파트 전세가는 서울 아파트 입주 물량보다 수도권 입주 물량과 훨씬 밀접한 음(陰)의 상관관계를 맺고 있다. 이는 서울의 전세가가 많이 오르면 경기도로 주거지를 옮기는 경우가 많기 때문이다. 즉, 서울 입주 물량이 적더라도 수도권 입주 물량이 많다면 대체재인 경기도로 주거지를 옮기는 선택을 한다는 의미다.

그런데 표를 보면 기간을 최근으로 좁힐수록 서울 아파트 전세가와 수도권

기간	수도권 입주 물량	서울 입주 물량
2005~2019년	−0.49	−0.30
2009~2019년	−0.59	−0.35
2011~2019년	−0.61	−0.26
2014~2019년	−0.78	−0.78

아파트 입주 물량 간에 음(陰)의 상관관계가 더욱 커지는 모습을 확인할 수 있다. 이는 교통망이 확충되면서 수도권이 하나의 메트로폴리탄으로 통합돼 서울과의 동조화 현상이 갈수록 짙어지고 있기 때문이다(상관관계 확인 대상 구간에서 2020~2022년을 배제한 이유는 임대차 3법 시행으로 2020년 입주 물량이 많았음에도 전세가가 급등하고, 금리 급등으로 2022년 입주 물량이 줄어들었음에도 전세가가 급락하면서 수급이 틀어졌기 때문이다. 만약 금리 또는 제도상의 급격한 변화가 없다면 다시 수급 영향이 커질 것으로 예상된다).

돌고 돌아서 다시 '공급 급감' 이야기로 돌아가 보자. 앞서 언급한 대로 글로벌 인플레이션 영향에 따른 공사비 급등으로 2023년 착공 급감은 현실이 됐다. 그 결과 이로부터 3년 후인 '2026년 공급 급감은 정해진 미래'다. 더 큰 문제는 이 공사비 급등 이슈가 언제 해소될지 모른다는 점이다. 한번 올라간 물가가 다시 내려가기 쉽지 않다는 것은 많은 이들이 체득하고 있는 사실이다. 따라서 2026년 이후의 공급 급감이 언제까지 이어질지 알 수 없다는 점도 무주택자의 불안감을 키우는 요소다.

원래는 이러한 공급 간극을 메워줄 역할을 맡긴 것이 '3기 신도시'였다. 나는 3기 신도시 입주가 수도권 부동산 하락 전환의 강력한 트리거가 될 것이라고 보았고 그래서 자연스레 진행 상황을 눈여겨봤다. 실제 3기 신도시의 토지보상 속도가 상당히 빠른 편이었고(2022년 4월 인천 계양, 2022년 10월 하남 교산, 2023년 3월 부천 대장, 남양주 왕숙2 등 토지보상 완료), 공급 속도를 높이기 위해 LH가 토지보상 이후 지장물보상을 진행하는 기존 방식 대신 토지보상과 지장물보상을 동시에 일괄 진행하는 방식을 택했기 때문에 주택 착공 시기도 빠를 것으로 예상했다.

그러나 현재 상황은 여전히 본격적인 착공 소식이 들려오지 않는 가운데 LH 청약센터의 주택 용지 분양 상황을 보면 상황이 여의치 않은 것 같다. 글로벌 인플레이션 심화 및 금리 급등으로 PF(프로젝트 파이낸싱) 여건이 안 좋아지고 공사비도 급등하면서 민간 업체들이 몸을 사리고 있어 2024년 상반기에만 공공택지 12필지가 유찰되는 등 택지 분양 자체도 계획대로 되지 않는 모습이다. 국토교통부는 2024년 1만여 호 착공을 공언했으나 설령 착공한다 해도 그 정도 물량은 시장에 영향을 미칠 만한 수준이 아니다.

그렇다고 재건축·재개발 전망이 밝은 것도 아니다. 정부에서 각종 규제를 완화하면서 재건축·재개발 사업을 장려하고 있으나, 문제의 핵심인 공사비 급등이 해결되지 않아 규제 완화와 별개로 사업이 지지부진하다.

서울 서초구에 있는 신반포18차의 경우 전용면적 $111m^2$를 보유한 조합원이 면적을 줄여 $97m^2$ 아파트를 받아도 추가분담금이 12억 1,800만 원에 달한다. 5년 전만 해도 가구당 추가분담금이 3~4억 원으로 추산됐던 것에 비하면 3~4배나 높은 수준이다. 노원구의 상계주공5단지는 전용면적 $31m^2$에서 $84m^2$를 받기 위한 추가분담금이 5억 원으로 책정되자 조합이 시공사인 GS건설과 계약을 취소하기에 이르렀다. 당시 해당 아파트 매매가가 5억 원 내외였는데 추가분담금이 집값과 비슷해지자 조합원들이 시공사와 계약을 취소한 것이다. 물론 두 군데 모두 사실상 일대일 재건축에 가까워서 추가분담금이 늘어난 측면이 있으나 다른 단지도 상황은 크게 다르지 않다.

공사비 급등 상황을 조금 더 들여다보면 서초구 반포주공1단지 1·2·4주구는 현대건설로부터 공사비를 2조 6,363억 원에서 4조 775억 원으로 늘려달라는 요청을 받았고, 삼성물산과 HDC현대산업개발 컨소시엄도 송파구 잠실진주아파트 재건축 공사비가 평당 510만 원이었던 것을 2023년 4월 665만원으로 올렸다가 10월 889만 원으로 증액을 요청했다. 심지어 강남구 개포한신아파트 조합은 평당 공사비를 920만 원에 제시했음에도 건설사가 단 한군데도 사업 제안서를 제출하지 않아 유찰됐는데 2차 입찰에 가서야 DL이앤씨와 두산건설이 입찰했으며, 부산진구 시민공원 주변 재정비촉진지구 촉진4구역 시공사인 현대엔지니어링도 2016년 6월 체결한 평당 공사비 449만원을 1,126만 원으로 올려달라는 요청을 하자 조합이 시공 계약을 해지하기에 이르렀다. 2020년 전후해서 입주한 개포 재건축 단지들의 평당 공사비가 500만 원 미만이었음을 생각한다면 공사비가 최근에 얼마나 올랐는지 짐작할 수 있다.

너무 오른 공사비 이슈가 해소되기 전까지 이러한 파열음은 여기저기서 계속 들려오고 이는 고스란히 조합원들에게 부담으로 돌아갈 것이다. 문제는 이러한 상황이 '비가역적', 즉 다시 돌이키기 어려운 상황이라는 점이다. 다시 공급이 늘어나기 위해서는 건설사들이 수익성을 확보할 수 있어야 하고 그러려면 분양가를 올려야 한다. 그리고 분양가가 오르려면 주변 기축 집값이 올라야 한다. 따라서 집값이 어느 정도 오르지 않는다면 공급이 다시 늘어날 가능성은 매우 적다. 즉, 집값이 일정 수준 올라야 공급이 감소를 멈추고 재개될 수 있기에 집값 상승은 점차 '필연'이 돼가고 있는 셈이다. 최근 들어 반포주공1 단지 1·2·4주구(평당 공사비 548만 원→792만 5,000원), 잠실진주아파트(510만 원 →665만 원→811만 5,000원), 구로구 고척4구역(447만 원→700만 원) 등에서 조합 과 시공사 간 공사비 인상 합의 소식이 잇따라 들려오고 있다. 이것이 2024년 들어 집값이 오른 원인이다. 그런데 만일 집값이 하락한다면 분양가를 올리기 어려워지기 때문에 공급이 감소할 것이다. 여기에 예상하기 힘든 돌발적인 이 슈가 터져서 집값이 급락한다 해도 일시적일 수밖에 없다. 그 이유는 공급이 감소한다면 결국 전세가율 상승으로 이어져 상방 압력이 확충되기 때문이다.

2. 오버슈팅

이러한 흐름에 반대하는 주장도 물론 있다. 이른바 '고평가'론이다. 즉, 여러 데이터로 보면 현재의 주택 가격은 여전히 높아 공급 부족이 별 영향을 발휘 하지 못한다는 주장이다.

일견 맞는 말이다. 앞서 언급한 적이 있듯이, 2010~2013년 수도권 입주 물량이 적었음에도 당시 수도권 부동산이 하락한 것이 대표적이다. 2008년 에 주택구입부담지수가 고점을 찍고 2009년에 전세가율이 역대 최저를 찍을 정도로 매매가와 전세가의 괴리가 커서 매매가의 버블도 역대 최대 수준까지 부풀었기 때문에 2010~2013년의 입주 물량 감소가 별 영향을 주지 못했던 것은 사실이다. 2023년 초 반등했을 당시 2023년 이내에 전고점 돌파가 어 렵다고 이야기한 것도 주택구입부담지수와 전세가율을 봤을 때 여전히 '고평 가' 상황이 해소되지 않았다고 판단했기 때문이다. 그렇다면 여기서 서울 부

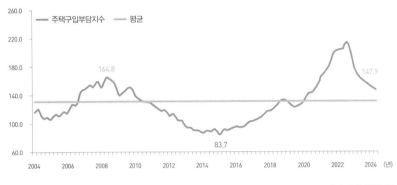

• 출처 : 주택금융연구원

동산의 주택구입부담지수와 전세가율 상황을 한번 살펴보자.

2024년 2분기 기준 서울 주택구입부담지수는 147.9다. 전고점(2008년 2분기 164.8)보다 떨어졌으나 여전히 중장기 평균(130.6)보다 +13% 높은 수준이기 때문에 서울 부동산의 버블 수준이 낮은 상태라고 말하기 어렵다. 그러나 여기서 한 가지를 짚어볼 필요가 있다.

바로 '전세자금대출'의 존재다. 앞서 언급한 바와 같이 2008년 처음 생긴 전세자금대출은 해를 거듭할수록 그 규모가 커지면서 영향력도 커졌다. 과거와 달리 전세자금대출로 엄청난 유동성이 전세 시장에 공급되면서 이것이 매매가에도 영향을 미쳤다고 본다면 주택구입부담지수도 온전히 과거와 같은 기준으로 판단해서는 안 된다. 그래서 나는 전세자금대출이 없었던 시절의 전세가율 고점이 64.6%(2001년 10월)였고 전세자금대출이 생긴 후의 전세가율 고점이 75.1%(2016년 6월)로 1.16배 증가한 점에 착안했는데, 매매는 실수요뿐 아니라 갭투자도 있기에 전세자금대출 이후 늘어난 전세가율 증가 폭 1.16

배에서 절반의 비중만 적용해 주택구입부담지수에 1.08배 증가율을 적용했다. 이 경우 주택구입부담지수의 중장기 평균은 140, 고점은 177 내외가 적정한 것으로 추정했다.

  2024년 2분기 서울 주택구입부담지수 147.9는 전세자금대출을 고려한 중장기 평균(141)과 고점(177) 사이에서 평균에 훨씬 가까우므로 시중금리가 떨어진다면 주택구입부담지수도 적정 구간에 진입할 것으로 예상한다. 현 지수만으로는 고평가라고 말할 수 있으나 전세자금대출로 높아진 기준, 향후 금리 인하 가능성 등을 고려하면 이런 고평가 국면이 해소될 가능성이 있다는 이야기다. 이해를 돕기 위해 주택구입부담지수를 가계 소득 대비 주택담보대출 원리금 비중으로 그래프를 재구성해보았다.

  2024년 2분기 기준으로 서울의 중간소득 가구가 서울의 중간가격 주택을 살 때 소득의 37.0%를 주택담보대출 원리금 상환에 사용했다는 것을 의미한다. 중장기 평균은 소득의 32.7%를 원리금 상환에 사용한다. 여전히 높은 수

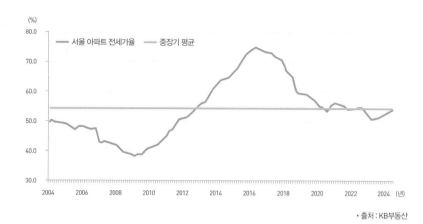

• 출처 : KB부동산

준이다. 이렇게 보면 2022년 3분기에는 소득의 53.7%를 주택담보대출 원리
금 상환에 사용하는 수준이었으니 집값이 오르기 힘들 수밖에 없었다.

전세가율은 어떤가? 2024년 9월 기준 서울 아파트 전세가율은 앞서 언급
한 것처럼 53.9%로 중장기 평균(54.3%)과 유사한 수준이다. 전세가율 역시 버
블 수준을 판단하는 데 중요한 지표다. 위의 그래프에서 서울 전세가율 장기
추이를 보면 2009년 1월 38.2%로 전세가율이 역대 최저 수준을 찍자 기준금
리 인하와 위례신도시 토지보상금 지급이라는 유동성 측면에서의 강력한 호
재에도 서울 아파트는 중장기 하락장에 진입했다. 시장이 매매가와 전세가의
괴리가 역대 최대로 벌어진 상황을 더는 용인하지 않은 것이다.

2010년부터 2013년까지 수도권 입주 물량은 예년보다 적었음에도 매매
가는 계속 내려갔으나 그 반대급부로 전세가는 계속 오르면서 전세가율 역시
상승했고, 2013년 9월 전세가율이 60%를 상향 돌파하자 매매가도 상승했
다. 현재의 전세가율은 중장기 평균과 유사한 수준까지 올라왔기 때문에 이미

매매가에 상방 압력을 가하기 시작한 상태다. 그런데 문제는 이 전세가율이 지금보다 더 오를 가능성이 크다는 점이다. 앞서 언급했듯이 향후 공급 감소 폭이 너무 크기 때문이다.

2010~2013년 수도권 아파트 입주 물량(연평균 11만 8,000여 호)은 직전 4년 간(2006~2009년, 연평균 14만 5,000여 호)보다 −18% 감소한 수준인데 2023년 수도권 아파트 착공 물량은 불과 10만 2,000여 호로 2022년(14만여 호) 대비 −27%, 2021년(23만 6,000여 호) 대비 −57%, 2005~2023년 연평균(15만 3,000여 호) 대비 −33%나 급감했다. 게다가 2024년 착공 물량도 9월까지 10만 여 호로 많지 않다. 중장기 평균보다 저조한 착공 물량 수준이 언제까지 이어 질지 미지수다.

이러한 수준의 공급 급감이 고평가 상황과 맞닥뜨리면 어떤 일이 벌어질 까? 결국, 고평가 상황을 지속시키거나 고평가를 넘어서는 오버슈팅을 초래 할 가능성이 크다.

가령 대흉작으로 공급 부족이 발생한 식량의 가치는 과거와 비교할 수 없을 정도로 천정부지로 치솟게 될 것이다(물론 그렇게 치솟은 가치는 공급이 정상화될 경우 원래대로 돌아올 것이지만). 주택도 필수재이기 때문에 수요자들은 매매 또는 임대 등 어떠한 형태로도 주택을 구하는데 그러한 필수재의 공급이 크게 감소하면 고평가의 기준도 종래와는 달라진다. 그리고 앞으로 예고된 공급 감소는 시장 에 이러한 상황을 상기시킨다.

조금 더 친근한 예를 들어보자. 한국 프로야구 키움 히어로즈에서 뛰어난 활약을 펼쳐왔던 이정후 선수는 2024년에 미국 메이저리그 샌프란시스코 자 이언츠와 FA 계약을 체결했는데 그 규모가 무려 6년 1억 1,300만 달러였다. 한국인 선수로는 류현진 선수의 6년 3,600만 달러 계약을 훌쩍 뛰어넘었을 뿐만 아니라 일본 프로야구의 간판타자였던 요시다 선수의 5년 9,000만 달러 계약도 능가하는 수준이었다. 두 선수의 성적을 비교해보자면 요시다 선수는 762경기에서 타율 0.327, 133홈런, 664안타, 467타점, OPS 0.960을 기록했지만, 이정후 선수는 884경기에서 타율 0.340, 65홈런, 1,181안타, 515타점, OPS 0.898을 기록했다. 그러나 이 기록은 요시다 선수가 일본 프로야구에서 거둔 성적이고 이정후 선수는 한국 프로야구에서 거둔 성적임을 고려한다면 이정후 선수가 더 좋은 조건으로 계약을 체결했다고 볼 수 있다. 실제로 계약 조건을 들었을 때, 이정후 선수도 다리가 후들거렸다고 표현했을 정도로 예상을 뛰어넘는 액수였던 것이 사실이다.

왜 이러한 상황이 발생했을까? 당시의 시장 환경이 이러한 상황을 가능케 했다고 해도 과언이 아니다. 샌프란시스코 자이언츠는 2010년대 들어 세 번(2010년, 2012년, 2014년)이나 메이저리그에서 우승했을 정도로 절정의 전력을 과시했고, 2021년에도 107승 55패를 거두면서 메이저리그 전체 승률 1위에 올랐던 팀이다. 그랬던 샌프란시스코 자이언츠가 2022년 81승 81패로 서부지구 3위에 그쳐 포스트시즌에 진출하지 못했으며, 2023년에는 79승 83패로 서부지구 4위까지 떨어졌다. 샌프란시스코의 팀 평균자책점은 4.02, 메이저리그 30개 구단 중 11위로 중상위 수준이었으나 팀 타율 0.235(28위), OPS 0.695(26위)에 그치는 등 타선의 힘이 너무 약했다.

게다가 팀 삼진은 메이저리그에서 일곱 번째로 많았으며, 중견수의 평균 대비 아웃 기여도(OAA)는 −13으로 이 역시 메이저리그 30개 구단 중 28위에 그쳤다. 이런 상황에서 5툴 플레이어(야구에서 장타력, 콘택트, 속도, 수비, 송구 능력을 모두 갖춘 선수)로 불리는 호타준족의 중견수 이정후 선수는 샌프란시스코 자이언츠의 구미를 돋울 대상이었고, 이것이 매우 후한 조건의 계약을 이끈 배경이었다.

조금 더 쉬운 설명을 위해 사례를 길게 설명했는데, 이러한 시장 환경이 아니었다면 이정후 선수의 6년 1억 1,300만 달러라는 계약은 일어나기 힘든 조건이었다고 할 수 있다. 이정후 선수 자체는 변한 게 없는데 시장 환경이 가격을 높인 것이다. 이는 부동산 시장도 마찬가지다. 본질 가치는 변한 게 없지만, 시장 환경의 변화에 따라 오버슈팅이 발생할 수 있다.

따라서 지금도 기존의 기준으로는 고평가 상황이라고 진단할 수 있지만, 일찍이 겪어보지 못한 공급 감소 상황을 생각하면 공급 부족이 해소되기 전까지는 오버슈팅을 피할 수 없으므로 이러한 상황을 적극적으로 활용해야 한다.

3. 공급 부족과 금리 인하가 만날 때

수도권 입주 물량이 줄어들면서 하방 다지기가 이뤄지기 때문에 2024년 말부터 2025년 상반기까지 서울의 과공급 구간은 일시적인 하방 압력에 그칠 가능성이 크다고 앞서 이야기했다. 그런데 또 다른 방향에서 상방 압력이 몰려오고 있다. 바로 '금리 인하'다.

미국은 기준금리를 2024년 9월 5.25~5.50%에서 4.75~5.00%로, 우리나라는 기준금리를 2024년 10월 3.50%에서 3.25%로 각각 −0.50%, -0.25% 내렸다. 이는 각각 4년 6개월, 3년 2개월 만의 금리 인하다. 사실상 통화 긴축이 시작된 것으로, 이제는 속도와 폭의 문제일 뿐 방향은 금리 인하 쪽으로 가닥을 잡았다고 해도 과언이 아니다.

물론 가계대출 증가 폭이 우려돼 역대 최저 수준이었던 가산금리를 끌어올리면서 기준금리 인하와 상관없이 2024년 9월 이후 주택담보대출 금리는 오른 상황이다. 그러나 또 하나 간과할 수 없는 이벤트가 있었으니 바로 '세계국채지수(WGBI) 편입'이다. 세계국채지수 편입이 부동산과 무슨 상관이 있냐고 생각하는 이들도 많을 텐데 실상은 그렇지 않다.

가장 직접적인 효과는 세계국채지수에 편입되는 2025년 11월부터 70~80조 원에 이르는 외국인 자금이 단계적으로 국내 국채 시장에 들어온다는 점이다. 국채 수요가 증가하면 채권 가격이 상승하고 달러화가 유입되면서 원·달러 환율도 안정화된다.

부동산 시장에 미칠 효과는 '금리 인하'다. 국고채 금리는 회사채 금리는 물론이고 주택담보대출 금리의 기반이 되는 금융채(은행채) 금리와도 연동된다. 그런데 외국인 자금 유입으로 채권 가격이 상승하면 국고채 금리가 낮아지고 이것이 정부의 국채 조달 비용뿐 아니라 회사채와 주택담보대출 금리까지 연달아 낮출 수 있다. 한국금융연구원의 연구에 따르면 0.2~0.6% 수준의 금리 인하 효과가 예상된다. 기준금리를 인하하지 않고도 대출금리 인하의 효과가 발생하는 것이다.

그런데 이 효과가 발생하기 시작하는 것이 2025년 11월 세계국채지수 편입 이후부터이고 공급 부족이 본격적으로 힘을 발휘하기 시작하는 시점도 그즈음부터다. 금리 인하는 곧 수요 증가의 효과를 불러일으키는데, 수요 증가와 공급 감소가 맞닥뜨린다면 해당 재화의 가치가 어느 쪽으로 튈지는 불 보듯 뻔하다. 세계국채지수 편입 이벤트 역시 2024년 말부터 2025년 상반기까지가 실수요자들에게 부동산 진입의 기회가 될 것이라는 내 견해에 설득력을 더해주는 셈이다.

4. 3기 신도시 입주

오버슈팅은 결국 언젠가 한계에 부닥칠 수밖에 없다. 재화의 가치는 결국 펀더멘털에 수렴하므로 오버슈팅을 계속 허용하지 않는다. 그리고 이러한 오버슈팅을 결국 종식시키는 계기는 '과도한 오버슈팅', '공급 정상화' 이 두 가지다.

'과도한 오버슈팅'의 경우는 상대적으로 간단하다. 향후 공급 부족에 관한 우려로 너도나도 선취매에 뛰어들어 부동산 값이 폭등하는 경우다. 주택구입부담지수가 다시 과도하게 오르면 향후 공급이 줄어도 매매가가 크게 오르기 힘들다.

'공급 정상화'의 경우는 어떨까? 나는 신도시의 영향력이 크다고 생각한다. 이는 신도시 조성의 메커니즘과 연관이 있다. 신도시는 보통 부동산이 오르고 있을 때 발표된다. 부동산 급등을 막기 위해 신도시 조성계획이 발표되는데, 아이러니하게도 신도시를 조성하면서 풀리는 토지보상금이 부동산 시장에 유입돼 부동산의 버블을 더욱 키운다. 이후 신도시 입주가 시작되면서 버블이 꺼진다. 1·2기 신도시 조성 당시 토지보상금의 지급 시기와 서울 부동산의 급등 시기가 일치하고, 1·2기 신도시 입주 시기와 서울 부동산의 하락 시기가 일치하는 것이 이러한 주장을 뒷받침한다. 최근 사례만 봐도 실제 3기 신도시 토지보상금이 풀린 2021년에 서울 부동산이 급등했다. 그렇다면 결국 오버슈팅된 부동산 가치가 펀더멘털로 돌아오는 계기는 '3기 신도시의 입주'가 될 것이다. 특히 3기 신도시 공급 지연으로 공급 부족 기간이 길어지면서 오버슈팅 수준도 커질 것으로 보이는 바, 3기 신도시 입주 시 경착륙은 불가피할 것으로 예상된다.

따라서 3기 신도시가 언제 입주하는지가 중요하다. 그러나 앞서 이야기했듯이 3기 신도시의 진행 상황은 높은 금리와 공사비 영향으로 지지부진하다. 언제부터 본격적인 착공에 들어갈지 아직도 가늠하기 힘든 상황이다. LH에 따르면 2024년에 남양주왕숙 3,915호, 부천대장 2,505호, 고양창릉 2,089호, 하남교산 1,115호, 인천계양 1,100호 등 1만여 호를 착공한다고는 하나 3기 신도시 전체 물량 24만여 호에 비하면 극히 적다 할 수 있다. 게다가 서울 부동산에 하방 압력을 제공하기에도 역부족인 수준이다.

다만 향후 착공이 크게 늘어난다면 입주 시 그 영향력을 무시할 수 없으므로 3기 신도시의 진행 상황은 수도권 부동산에 관심이 있다면 반드시 확인해야 한다. 만일 3기 신도시가 본격적으로 착공을 시작한다면 그로부터 3~4년 후 입주를 시작할 것이므로 대응 전략을 수립하기에 시간이 충분하다. 특히 3기 신도시가 입주할 경우 그 여파를 고스란히 받을 3기 신도시 주변의 주택 소유자라면 입주 전까지 보유 주택을 매도하고 상급지 갈아타기를 시도해야 한다.

2016~2017년 위례신도시 입주 기간에 서울보다 판교의 상승률이 낮았고, 2014~2018년 세종시 입주 기간에 대전이 다른 광역시보다 상당히 낮은 상승률을 기록했으며, 2015~2019년 동탄2신도시 입주 기간에 동탄1신도시가 덜 올랐던 사례를 돌아본다면, 3기 신도시 주변의 주택 소유자들은 3기 신도시 입주 시기를 예상하고 대비하는 게 맞다.

5. 초양극화 시대

앞서 양극화가 두드러지고 있다는 데이터 근거 중 하나로, 전국 1분위(상위 80~100%) 아파트 대비 5분위(상위 0~20%) 아파트의 매매가 배율(1월 기준)이

2017년 4.7배에서 2018년 5.1배, 2019년 6.1배, 2020년 6.9배, 2021년 8.6배, 2022년 9.8배, 2023년 10.4배, 2024년(10월) 10.9배로 매우 가파르게 상승했음을 언급했다. 특히 인구 감소 시대를 맞이해 양극화는 더욱 빠르게 진행될 수밖에 없음도 그 이유와 함께 설명했다.

정치권 상황도 이를 부추긴다. 현재 야당인 민주당의 목표는 대권 탈환에 있으며 이를 위해서는 단단하게 결집한 집토끼와 달리 묽게 퍼진 중도의 산토끼들을 잡으려 우클릭에 나설 것으로 보인다. 지난 20대 대선에서 민주당은 국민의힘에 투표율로는 0.73%, 득표수로는 25만 표 차로 아깝게 졌는데 결과적으로 서울에서 31만 표 차로 진 것이 치명타였다. 심지어 19대 대선에서는 민주당이 142만 표 차로 압승한 서울이었기 때문에 20대 대선에서 서울의 패배는 뼈아픈 결과였을 것이다.

결국, 민주당은 다음 대선에서 서울의 표심을 잡기 위한 행동에 나설 수밖에 없다. "평생 벌어 집 한 채를 마련한 1가구 1주택자에게 굳이 종부세를 거둬야 하느냐?"(이재명 대표), "아무리 비싼 집이라도 1주택이고 실제 거주한다면 과세 대상에서 빠져야 한다"(박찬대 민주당 원내대표) 등의 발언은 향후 민주당의 우클릭 가능성을 보여준다.

윤석열 정부와 여당인 국민의힘은 어떤가? 보유세 완화 기조는 뚜렷했으나 다주택자에 대한 규제 완화에는 신중한 입장이다. 박빙의 경쟁이 예상되는 대선이 다가올수록 한 표가 아쉬운 입장에서 4%에 불과한 다주택자 규제 완화는 44%에 이르는 무주택자 표심을 건드릴 수 있어 쉽지 않을 것이다(2022년 가구 기준으로 무주택 가구 44%, 3주택 이상 가구 4%).

그렇다면 결론은 뚜렷하다. 양당 모두 1가구 1주택 규제는 완화하고 다주택자 규제는 유지할 가능성이 크다. 심지어 다음 대선인 2027년이 다가올수록 공급이 부족해져 집값 우상향 가능성이 크기 때문에 이런 규제 기조는 유지 또는 강화될 것이다. 이미 전국 유주택 가구 중에서 1주택 가구는 2019년 72.3%→2020년 72.8%→2022년 74.2%로 늘고 있지만, 3주택 이상 가구는 2019년 7.6%→2020년 7.3%→2022년 6.7%로 감소 중이다. 다주택을 청산하고 똘똘한 한 채로 집중하는 현상이 이미 진행 중인 데다 양당 상황을 보면 그 흐름은 더욱 강화될 가능성이 크다. 공급 감소가 예상되는 시장 상황에서 똘똘한 한 채로 집중하는 현상이 계속된다면 이는 결국 초양극화의 도래로 연결될 수밖에 없다. 결과적으로 우리가 취해야 할 자세도 분명해진다.

전세가율에서 얻는
인사이트

아파트 기준으로 전국 인허가 물량이 연간 40만 호를 넘었던 기간을 꼽는다면 2005~2007년, 2015~2018년, 2021~2022년이다. 신기하게도 이 기간은 특히 수도권 부동산이 뜨겁게 상승하던 시기와 대체로 일치한다. 반대의 경우도 마찬가지다. 2008~2013년의 전국 아파트 인허가 물량은 연평균 31만 호 내외였는데, 이는 2005~2022년의 연평균 39만 호를 상당히 밑도는 수준이다. 그리고 이 시기 수도권 부동산 시장은 하락했다.

왜 이런 일이 일어날까? 간단히 말하자면 결국 부동산이 상승하면 인허가 물량이 늘어나고, 이 늘어난 인허가 물량이 착공 증가로 이어지면서 점차 입주 물량 증가로 돌아오는 과정을 밟는다. 즉, 상승 동력을 갉아먹는 과정이다. 반대로 부동산이 하락하면 인허가 물량이 줄어들고, 이 줄어든 인허가 물량이 착공 감소로 이어지면서 점차 입주 물량 감소로 돌아오는 과정을 밟는다. 마찬가지로 하락 동력을 갉아먹는 과정(상승 동력을 축적해가는 과정)이다. 부동산 사이클은 결국 이러한 과정의 반복인 셈이다. 이를 두고 자연스러운 시장의 자정 기능이라고 평가할 수 있다.

이러한 모습이 지표로서 가장 뚜렷하게 나타나는 것이 바로 '전세가율'이

입주 물량과 매매가의 상관계수	전국	−0.09
	서울	+0.44
	수도권	+0.20
입주 물량과 전세가의 상관계수	전국	−0.69
	서울	−0.30
	수도권	−0.56

다. 매매가에서 전세가가 차지하는 비중을 나타내는 전세가율은 매매가 상승기에는 줄곧 하락하다가 일정 수준까지 떨어지면 매매가가 하락 반전하고, 매매가 하락기에는 줄곧 상승하다가 일정 수준까지 오르면 매매가가 상승 반전해왔다. 실제 입주 물량과 매매가, 입주 물량과 전세가의 상관계수를 뽑아보니 명확한 차이가 있었다.

임대차 3법으로 수급 논리가 훼손된 기간을 제외하고 2005년부터 2019년까지의 상관계수는 위의 표와 같다. 두 지표 간의 상관계수가 ±0.5 이상이면 두 지표 간의 상관관계가 통계적으로 유의미하다고 앞서 언급한 바 있는데, 표에서 보면 입주 물량과 매매가의 상관관계는 의외로 깊지 않다는 사실이 확인된다. 오히려 서울은 입주 물량과 매매가의 상관계수가 +0.44로, 입주 물량이 많으면 매매가가 오르는 경우가 상대적으로 많았다는 이야기다.

역시 눈여겨봐야 할 것은 입주 물량과 전세가인데, 상관계수로 볼 때 두 지표는 음(陰)의 상관관계다. 서울의 경우 서울의 입주 물량과 전세가의 상관계수는 −0.30이나 따로 뽑아본 수도권 입주 물량과 서울 전세가의 상관계수는

−0.49로 상당히 유의미한 숫자가 도출된다. 이렇듯 서울의 전세가는 수도권 입주 물량의 영향을 받는다.

흔히들 전세가는 '주택의 사용 가치', 매매가는 '주택의 사용 가치 + 투자가 치'라고 일컫는다. 달리 말하면 전세가는 '주택의 현재 가치', 매매가는 '주택의 현재 가치 + 미래 가치'라고 할 수 있다. 따라서 매매가에서 전세가가 차지하는 비중을 나타내는 '전세가율'이 높다면 사용 가치 대비 투자 가치가 저평가돼 있으며, '전세가율'이 낮다면 사용 가치 대비 투자 가치가 고평가돼 있다고 볼 수 있다. 그런 관점에서 전세가율의 고저(高低)는 매매가의 버블 정도를 나타내는 하나의 지표다.

전세가율의 상승은 매매가 상승 동력의 축적, 전세가율의 하락은 매매가 하락 동력의 축적이라는 메커니즘으로 연결되는데, 수도권 아파트 입주 물량과 서울 아파트 전세가율 사이에도 흥미로운 상황이 엿보인다.

다음 페이지의 그래프는 2009년부터 2023년까지 수도권 아파트 입주 물량과 서울 아파트 전세가율 추이를 그린 것이다. 2009년부터 2013년까지는 서울 및 수도권 부동산의 중장기 하락장이었는데 그래프에서 보다시피 수도권 아파트 입주 물량은 계속 감소했다. 그 기간 매매가는 하락하는 대신 입주 물량 감소로 전세가가 상승하면서 전세가율이 갑자기 올랐다. 2014년과 2015년 수도권 아파트 입주 물량도 10만 호를 약간 넘는 수준에 불과했는데 매매가보다 전세가 상승 폭이 더 커서 전세가율이 계속 상승했다. 즉, 2009년부터 2015년까지 대부분의 기간에 매매가는 하락했으나 입주 물량 감소로 전세가율이 오르면서 '상승 동력의 축적'이 이뤄지고 있었던 셈이다. 결국, 서울 아파트 전세가율이 60%를 돌파하자 2013년 4분기부터 서울 아파트 매매가도 상승했는데, 그 이후에도 입주 물량이 적어 매매가보다 전세가의 상승

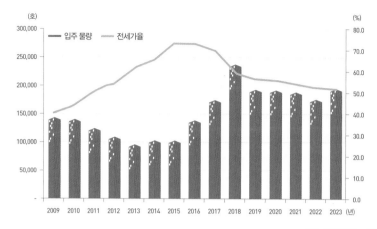

• 출처 : 국토교통부, KB부동산

폭이 더 컸기 때문에 전세가율이 계속 오르면서 2015년까지 상승 동력을 쌓았다.

그러다 2016년 수도권 아파트 입주 물량이 14만 호로 늘어나자 서울 아파트 전세가율도 상승을 멈췄고, 2017년부터 입주 물량이 15만 호를 넘어서자 전세가율도 하향 곡선을 그리기 시작했다. 특히 2018년 입주 물량이 24만 호에 이르자 전세가율이 큰 폭으로 하락한 모습도 눈에 띈다. 그 이후 입주 물량도 2018년보다는 줄었다고는 하나 여전히 과거보다는 많은 상태를 유지해 전세가율도 완만한 하향 곡선을 그렸다. 2016년부터 2023년까지는 대부분의 기간 매매가가 상승했으나 입주 물량도 많았기에 매매가와 전세가의 괴리가 커졌다.

그런데 여기서 눈여겨봐야 할 것은 수도권 아파트 입주 물량이 연간 15만 호 내외를 넘어서면 전세가율이 하락한다는 점이다. 실제 수도권 아파트 입주

65

물량이 연간 15만 호를 밑돌았던 2009년부터 2016년까지는 전세가율이 줄곧 상승했고, 수도권 아파트 입주 물량이 연간 15만 호를 웃돌았던 2017년부터 2023년까지는 전세가율이 줄곧 하락했다. 결국은 수도권 아파트 입주 물량이 연간 15만 호보다 적으면 전세가율이 올라가고, 연간 15만 호보다 많으면 전세가율이 내려간다는 사실을 확인할 수 있다. '15만 호'라는 숫자가 중요한 이유다. 그런데 수도권 아파트 착공 물량이 2022년 14만여 호, 2023년 10만 2,000여 호, 2024년(1~9월) 10만여 호라는 사실은 향후 전세가율의 움직임을 가늠하게 한다. 결국, 2022년 이후 착공 감소는 2025년 이후 전세가율 상승으로 매매가 상승 동력이 생길 것임을 미리 알려주고 있다.

특히 2024년 말부터 2025년까지 서울의 입주 물량이 많으나 수도권 전체 입주 물량은 감소한다는 사실도 눈여겨볼 필요가 있다. 2024년 말부터 2025년 상반기까지 서울 입주 물량이 상당히 많다는 점을 언급한 바 있으나 2025년 수도권 전체 입주 물량이 감소한다면, 둔촌 올림픽파크포레온 입주로 시작되는 과공급 구간은 일시적인 상황에 그칠 것이기 때문이다. 즉, 서울 전세가에 대한 하방 압력은 2024년 말부터 2025년에 걸친 일시적인 문제일 뿐, 그 이후 상방 압력이 다시 강해질 것이라는 점을 새겨둘 필요가 있다. 따라서 2024년 말부터 2025년 상반기까지의 과공급 구간이 실수요자들에게 선택의 기회를 제공하는 시기가 될 것이다.

서울 인구 감소의 뒷배경

서울 인구가 계속 줄고 있다. 혹자는 이를 근거로 들며 서울의 몰락을 예측한다. 서울이 갈수록 고령화돼가고 있으며, 일자리와 젊은층이 모이는 경기도가 갈수록 대세가 될 것이라는 의견도 종종 눈에 띈다. 과연 그럴까?

과거 '1,000만 도시'로 불린 서울. 그러나 2023년 인구는 940만 명에도 미치지 못한다. 2016년 993만 명으로 1,000만 선이 무너졌고, 2022년에는 943만 명으로 950만 선이 무너졌다. 2014년부터 2023년까지 지난 10년간 서울에서 다른 시도로 전출한 인구는 547만 명, 다른 시도에서 서울로 전입한 인구는 461만 명으로, 서울에서 다른 시도로 86만 명이 순유출됐다. 순유출의 가장 큰 이유는 '주택'으로, 다른 지역에 집을 샀거나 전세 계약의 만료 등의 이유로 무려 77만 명이 순유출됐다. 반대로 순유입의 이유는 '직업' 29만

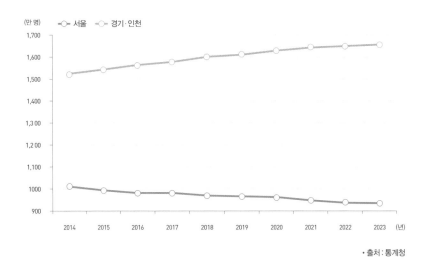

• 출처 : 통계청

명, '교육' 20만 명 순이었다.

　이것이 시사하는 바는 간단하다. 높은 집값(매매가) 또는 임대료(전·월세가)가 서울에서 인구가 빠져나가는 가장 큰 원인이었고, 일자리가 서울 인구 하락을 그나마 더디게 만든 가장 큰 원인이라는 것이다. 실제로 서울의 인구 감소가 서울의 몰락을 의미한다면, 인구 순유출 이유는 '주택'이 아니라 '직업'이었어야 한다. 그러나 실상은 일자리 때문에 서울에서 다른 시도로 주거지를 옮기는 게 아니라 주택 때문에 옮기는 경우가 월등히 많다.

　실제 경기도와 인천에서 서울로 통근·통학하는 인구는 2005년 116만 명에서 2010년 142만 명으로 꾸준히 늘어난 이래, 2015년 147만 명, 2020년 142만 명으로 140만 명대를 유지하고 있다. 사실 서울 부동산이 다른 지역보다 상대적으로 강세일 수밖에 없는 가장 확실한 지표 중 하나가 바로 이것, 경기도와 인천에서 서울로 통근·통학하는 140만여 명의 존재다.

생각해보자. 매일 경기도와 인천에서 서울로 통근·통학하는 것이 그리 편안한 과정은 아니다. 다만 서울의 높은 집값과 임대료를 감당하기 힘들어 '마지못해' 경기도와 인천에서 서울로 통근·통학하는 경우가 상당수다. 달리 말하면, 140만 명대를 유지하고 있는 경기도와 인천에서 서울로 통근·통학하는 인구는 서울 진입 대기 수요로 간주해도 무방한 계층이다. 즉, 이들은 서울 집값과 임대료의 하방 지지선 역할을 하고 있다고 볼 수 있다. 서울의 집값이나 임대료가 하락한다면 보다 용이한 통근·통학을 위해 서울로 주거지를 옮길 가능성이 크기 때문이다. 결국, 이는 서울 부동산의 매매가와 전·월세가의 하락 폭을 낮추는 요소로 작용한다.

서울의 상권이 붕괴하고 있다거나 일자리가 줄어들고 있다는 근거를 들며 서울이 부동산 투자로서의 매력도를 점차 잃어가고 있다는 주장도 실제 사실과 다르다. 한국부동산원에 따르면 지역별 상업용 부동산 공실률은 2024년 2분기 기준 서울 5.4%, 부산 17.4%, 대구 9.4%, 인천 21.6%, 광주 15.9%, 대전 12.9%, 울산 12.5%로 서울이 압도적으로 양호한 편에 속한다. 물론 경기도 공실률도 4.7%에 불과하나 서울을 크게 앞서는 수준은 아니다. 신촌 등 일부 지역의 공실률이 심각하긴 하지만 서울의 상권이 다른 지역보다 약화하고 있다고 보기는 어렵다.

일자리 측면에서의 경쟁력도 여전하다. 교보리얼코에 따르면 2024년 2분기 기준 오피스 공실률은 서울이 2.0%로, 부산 12.1%, 대구 10.6%, 인천 6.0%, 광주 4.8%, 대전 5.0%, 울산 8.0% 대비 압도적인 경쟁력을 자랑한다. 경기도의 경우 분당권만 따로 집계하는데 2.8%로 준수하다. 그러나 분당권은 경기도 내에서도 가장 일자리 경쟁력이 강한 곳 중 하나인 점을 고려하면 경기도

단위 : %

지역	2021년				2022년				2023년				2024년	
	1Q	2Q	3Q	4Q	1Q	2Q	3Q	4Q	1Q	2Q	3Q	4Q	1Q	2Q
서울	6.3	5.5	4.4	3.5	2.2	2.1	1.5	1.3	1.2	1.5	1.2	1.6	1.8	2.0
분당권	1.2	0.3	0.2	3.4	3.2	2.4	2.5	3.3	4.7	4.3	3.9	3.6	4.5	2.8
인천	9.4	7.8	6.6	6.7	6.9	7.0	7.3	6.3	6.9	7.3	7.7	6.2	5.7	6.0
부산	12.7	14.1	13.8	13.3	11.4	9.9	10.0	9.3	8.7	10.3	10.9	12.0	13.1	12.1
대구	8.0	8.4	6.6	8.2	8.1	6.7	6.6	9.4	8.1	10.0	10.6	11.7	11.0	10.6
울산	8.4	8.7	7.0	8.2	6.2	8.7	8.5	8.6	7.7	8.4	10.5	9.4	9.5	8.0
광주	8.0	7.8	8.7	6.4	6.9	5.9	5.3	5.0	4.8	5.4	5.3	5.0	4.8	4.8
대전	5.7	5.6	5.7	5.1	5.0	5.3	5.1	4.4	4.5	4.7	5.1	5.0	5.2	5.0

• 출처 : 교보리얼코

전체는 분당권보다 오피스 공실률이 높을 것으로 추정된다. 이런 점으로 봤을 때 서울의 오피스 공실률 2.0%는 남다른 수준으로 다가온다. 오피스 공실률은 여전히 서울이 일자리 측면에서 견고함을 자랑하는 지표 중 하나다.

서울 핵심지는 어나더 레벨의 길로

경기도의 위상이 날이 갈수록 올라가고 있는 것도 사실이다. 경기도 인구는 2014년 1,236만 명에서 2023년 1,363만 명으로 무려 127만 명이 늘었다. 상업용 부동산 공실률도 서울보다 낮아졌다. 양질의 일자리 증가를 바탕으로 고액 자산가와 고소득자 역시 빠른 속도로 늘고 있다. 이러한 점 때문에 서울과 경기도의 집값 차이도 줄어들 것이라고 주장하는 의견들도 많다. 과연 앞

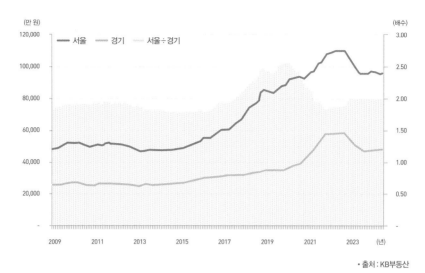

으로 어떤 방향으로 흘러갈까?

위의 그래프는 2009년 1월부터 2023년 12월까지 서울과 경기도 아파트 중위 매매가 추이를 나타낸 것이다. 파란색은 서울 중위 매매가, 빨간색은 경기도 중위 매매가이고, 초록색 막대는 서울 중위 매매가를 경기도 중위 매매가로 나눈 배수다.

서울과 경기도의 상승·하락 방향성은 비슷하지만 정도에서 차이가 발생하는데 그 수준은 초록색 막대에서 확인 가능하다. 서울÷경기 배수는 1.8~1.9배 사이를 유지하다가 2017년부터 2020년까지 빠르게 올라가는 모습이다. 즉, 2017년부터 2020년까지는 경기도 대비 서울의 초과 상승 폭이 가팔랐다는 이야기다. 그 이유는 해당 기간의 공급 물량에 해답이 있다.

2017~2020년 연평균 아파트 입주 물량은 서울 4만 4,000여 호, 경기도

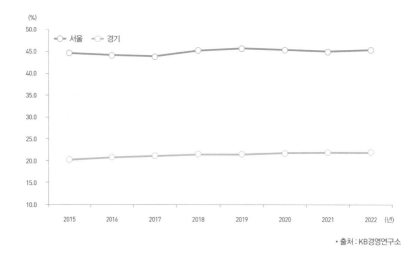

• 출처 : KB경영연구소

14만 6,000여 호였는데, 이는 직전 4년간인 2013~2016년 연평균 아파트 입주 물량보다 각각 +38%, +109% 많다. 특히 서울보다 경기도의 물량이 월등히 많았다. 이러한 공급 물량의 괴리 확대가 서울과 경기도의 디커플링을 초래한 셈이다. 그러나 서울과 경기도의 디커플링은 4년여 만에 막을 내리고 2020년 이후 괴리가 다시 줄어들면서 2021년부터 2023년까지는 1.9~2.0배 사이를 오르내리고 있다. 그렇다면 본격적으로 서울과 경기도의 차이가 벌어질지 줄어들지 전망을 해보자.

매년 11~12월경 KB경영연구소에서는 '한국부자보고서'를 발행한다. 여기서 '한국 부자'란 금융 자산이 10억 원 이상 있는 사람을 가리키며, 보고서에서는 이러한 한국 부자가 각 지역에 얼마나 있는지를 알려준다. 나는 매년 '한국부자보고서'가 발행될 때마다 10억 원 이상 금융 자산 보유자의 지역별 비중 추이를 뽑아보고 있다. 우선 서울과 경기도의 비중 차이가 조금씩이나마

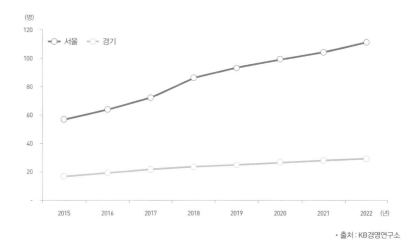

• 출처 : KB경영연구소

줄어들고 있는 것을 확인할 수 있다.

전국 10억 원 이상 금융 자산 보유자 비중에서 서울은 45% 내외를 유지하는 반면, 경기도는 2015년 20.3%에서 2022년 22.1%로 완만하게 증가하고 있다. 서울과 경기도의 차이가 조금씩 줄어들고 있는 셈인데 이를 아파트 1,000호당 10억 원 이상 금융 자산 보유자 수로 산출해보면 다른 결과가 나타난다.

위의 그래프에서 보다시피 아파트 1,000호당 10억 원 이상 금융 자산 보유자 수에서 경기도보다 서울의 증가세가 굉장히 가파른 점을 확인할 수 있다. 2015년보다 2022년 아파트 1,000호당 10억 원 이상 금융 자산 보유자 수를 보면 경기도는 17명에서 30명으로 늘어난 반면, 서울은 57명에서 112명으로 급증했다. 이번에는 고소득자 수로 비교해보자. 우선 전국 상위 10% 고소득자 수에서 서울과 경기도가 차지하는 비중을 나타낸 다음 페이지의 그래프

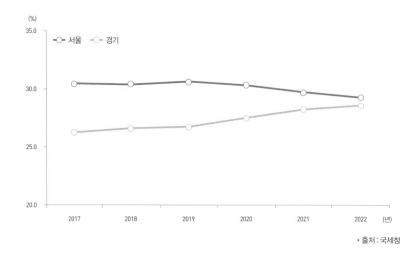

• 출처 : 국세청

를 보자. 서울과 경기도의 차이가 급격히 줄어드는 모습이다. 이 추세대로라면 2023년, 늦어도 2024년에는 상위 10% 고소득자 수에서 경기도가 서울을 추월할 것이다. 그런데 이를 또 아파트 1,000호당 상위 10% 고소득자 수로 산출해보면 다소 다른 결과가 나타난다.

2017년 대비 2022년 아파트 1,000호당 상위 10% 고소득자 수를 보면 경기도는 63명에서 88명으로 늘어난 반면, 서울은 117명에서 163명으로 더 많이 늘어났다. 증가율 자체는 +39%로 비슷하고, 둘 사이와 절대적 차이는 2017년 54명에서 2022년 75명으로 늘어났다.

10억 원 이상 금융 자산 보유자 수나 상위 10% 고소득자 수를 보면 서울과 경기도의 차이가 줄어드는 것이 확실한데, 왜 아파트 1,000호당 10억 원 이상 금융 자산 보유자 수나 상위 10% 고소득자 수를 보면 서울과 경기도의 차이가 커지는 걸까?

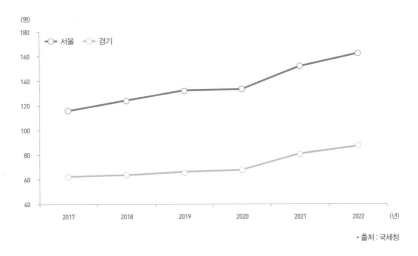

• 출처 : 국세청

아파트 수가 달라지고 있기 때문이다. 정확히는 서울보다 경기도의 아파트 수가 훨씬 빨리, 많이 늘고 있기 때문이다. 2017년 대비 2022년 아파트 세대수를 보면 서울은 167만여 호에서 185만여 호로 +11% 늘어난 반면, 경기도는 268만여 호에서 336만여 호로 +26% 늘어났다. 서울보다 경기도의 아파트 세대수가 많이 늘어나고 있기에 경기도의 10억 원 이상 금융 자산 보유자나 상위 10% 고소득자가 빠르게 늘어나도 밀도 자체는 서울보다 높아지지 않는 셈이다. 결국, 서울은 재건축·재개발 외에 주택 공급 확대 수단이 제한적이다. 그러나 경기도는 신규 공급이 가능하기에 서울의 공급 제한성, 즉 희소성이 서울의 위치를 공고히 하고 있다고 해도 과언이 아니다.

10억 원 이상 금융 자산 보유자라면 최상위 현금 부자이고, 상위 10% 고소득자 역시 최상위 소득 계층이다. 그러나 서울의 추가 공급 여력이 제한적이다 보니 아파트 세대수당 10억 원 이상 금융 자산 보유자 및 상위 10% 소득자 수에서 서울과 경기도의 차이가 벌어지고 있다. 최상위 고액 자산 보유자나 최상위 고소득자가 선호하는 서울 핵심지는 어나더(another) 레벨로 가고 있다. SM엔터테인먼트 소속 걸그룹 에스파의 대표곡 'Next Level(넥스트 레벨)'에 나오는 가사 한 대목 "I'm on the Next Level(난 다른 수준에 있어)"이 서울 핵심지의 위상을 대변하는 듯하다.

서울 비핵심지보다는 경기도 핵심지

경기도의 저력을 무시할 수 있을까? 결론부터 말하자면, 나는 서울 비핵심지와 경기도는 유사한 수준으로 동행할 것이라고 본다. 아니, 경기도 핵심지가 앞설 가능성도 크다. 그 이유를 알아보자.

앞서 10억 원 이상 금융 자산 보유자와 상위 10% 고소득자에 초점을 맞췄다면, 이번에는 상위 10~20% 고소득자로 범위를 바꿔서 보도록 하겠다. 상황이 또 달라진다.

상위 0~10%보다 상위 10~20% 고소득자 수에서 경기도가 훨씬 가파르게 서울과의 차이를 벌리는 모습이다. 차이가 워낙 빠르게 벌어지다 보니 이를 아파트 1,000호당 상위 10~20% 고소득자 수로 비교해도 큰 차이가 없다.

2017년 대비 2022년 아파트 1,000호당 상위 10~20% 고소득자 수를 보면 서울은 96명에서 128명으로 늘어나고 경기도는 69명에서 95명으로 늘어났다. 증가율을 보면 서울은 +32%, 경기도는 +38%로 경기도가 앞선다. 즉, 아파트 1,000호당 상위 0~10% 고소득자 수는 서울이 경기도보다 늘어나고 있으나 아파트 1,000호당 상위 10~20% 고소득자 수는 경기도가 서울보다

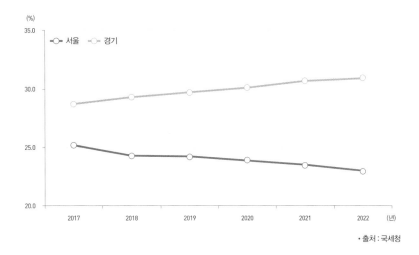

• 출처 : 국세청

아파트 1,000호당 서울과 경기 상위 10~20% 고소득자 수 ───────

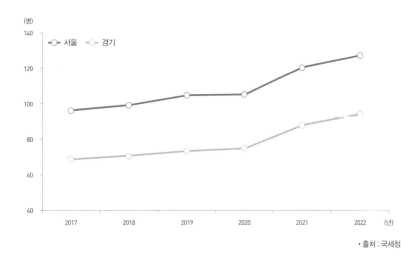

• 출처 : 국세청

늘어나는 추세다.

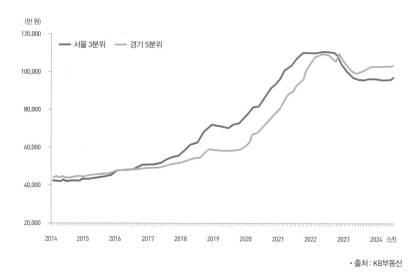

(만 원)

서울 3분위   경기 5분위

• 출처 : KB부동산

그렇다면 서울 핵심지가 아닌 서울 비핵심지와 경기도 핵심지의 상승률은 큰 차이가 없게 될 가능성을 넘어서 오히려 경기도 핵심지의 상승률이 더 높게 나타날 수 있다. 차상위 고소득자는 서울보다 경기도의 증가율이 더욱 높기 때문이다. 실제로 서울 중위 수준에 해당하는 서울 3분위 아파트(상위 40~60%)는 경기도 최상위에 해당하는 경기도 5분위 아파트(상위 0~20%)보다 매매가 측면에서 2017년부터 2021년 중반까지 상당한 우위에 있었으나, 이후 경기도 5분위 아파트가 빠르게 추격했고 2022년 말부터 서울 3분위 아파트를 앞서면서 차이를 벌리기 시작한 것도 이러한 흐름이 반영된 결과다. 즉, 2022년 말 이후 차상위 고소득자는 서울 중위 아파트보다 경기도 최상위 아파트를 선택했다. 부동산 카페에서 시장 동향을 오래 살펴본 사람이라면 경기도 핵심지 아파트의 거래 가격을 보고 "그 가격이면 서울을 사지, 왜 거길 사?"

라는 반응이 어느새 은근히 늘었음을 느낄 수 있었을 것이다.

결국, 인구 감소 및 수도권 집중 가속화의 흐름 가운데 서울 핵심지는 그들만의 세상처럼 차별화되거나 강화될 가능성이 크고, 그 외 지역은 서울과 경기도의 상승률이 큰 차이가 나지 않을 것이다. 특히 2024년 2월에 정부가 2047년까지 622조 원을 투입해 경기 남부 일대에 반도체 공장 및 시설 집적 단지를 구축한다는 계획(반도체 메가 클러스터)을 발표한 점이 주목된다. 물론 해당 재원 622조 원이 전부 민간 기업의 부담(삼성전자 500조 원, SK하이닉스 122조 원)인 것은 아쉬운 부분이나, 다가오는 AI 시대에 맞춰 우리나라 역시 반도체 사업에 명운을 걸 수밖에 없는 처지임을 생각하면 반도체 메가 클러스터 조성은 시간의 문제일 뿐 결국 진행될 수밖에 없다. 이 사업이 진행될수록 경기도 핵심 주거지의 위상도 지금보다 더욱 높아지면서 최근의 흐름처럼 경기도 핵심지의 상승 폭이 서울 비핵심지를 능가할 가능성이 크다. 서울에서 출퇴근하기에는 해당 지역까지의 거리가 멀기 때문이다. 소멸위험지수가 가장 낮은 지자체가 경기도 화성시로 나타났듯이 인구가 감소할수록 일자리가 충실한 지역의 경쟁력은 앞으로 더욱 주목받을 것이다.

그러나 서울과 경기도만이 답일까? 나는 그렇지 않다고 말하고 싶다. 서울과 경기도 외에 유망한 곳이 어디일까? 다음 장에서는 이에 관해 이야기해보고자 한다.

GTX 개통과 빨대 효과
그리고 서울 집중 현상

GTX-A 수서~동탄 구간이 2024년 3월 30일 개통됐다. 운정~서울역 구간은 2024년 연말 개통 예정이다. 수서~동탄 구간 이용 금액은 편도 기준 4,450원이고 소요 시간은 약 20분 정도다. 기존 대중교통으로는 1시간 20분가량 걸리던 이동 시간이 1시간가량 단축되는 꼴이니 교통의 혁신이라 할 만하다. 2028년에 삼성역 구간까지 개통되면 화룡점정을 찍을 것이다.

그런데 GTX의 파급 효과에 관해 여러 의견이 오가고 있다. 그중에서도 GTX 개통이 진척될수록 서울 집중화가 더 심해질 것이라는 의견도 많다. 이걸 두고 빨대 효과라고 하는데, 빨대 효과란 좁은 빨대로 컵의 음료를 빨아들이듯이 대도시가 주변 중소도시의 인구나 경제력을 흡수하는 경제 현상을 일컫는 말이다. 교통 여건의 개선이 균형 있는 지역 개발로 이어지지 않고 오히려 지역의 쇠퇴를 초래하는 부작용으로 거론된다. 즉, GTX 개통으로 오히려 서울 집중 현상이 심해지면서 GTX가 개통되는 곳들의 부동산 가격도 오히려 하락할 것이라는 의견이다.

반은 맞고 반은 틀린 말이다. 정확히는 상권의 경우는 빨대 효과가 일어나는 것이 맞지만, 주거 가치 측면에서는 반대다. 신분당선 개통으로 정자동 상

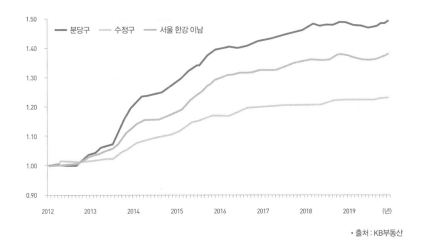

• 출처 : KB부동산

권이 큰 타격을 받았지만, 매매가나 전세가로 대표되는 부동산 가치는 오히려 정자동이 많이 올랐다.

조금 더 구체적으로 알아보기 위해 신분당선 개통 당시의 전세가 추이를 한 번 살펴보자. 신분당선은 2011년 10월 강남역에서 정자역까지 구간이 개통 됐는데 당시에도 정자역에서 강남역까지 20분 내에 갈 수 있다고 해서 화제 가 됐었다. 그렇다면 신분당선이 개통된 성남시 분당구와 그렇지 않은 성남시 수정구, 그리고 서울 한강 이남(11개 구)의 전세지수 추이(KB부동산 기준)를 알아 보자.

성남시 분당구와 수정구, 서울 한강 이남의 2012년 1월 전세지수를 모두 1.0으로 전제하고 2019년 말까지 전세지수 추이를 그린 그래프다. 2011년 10월 신분당선이 개통되고 1년 가까이는 3개 지역의 전세지수 추이에 큰 차

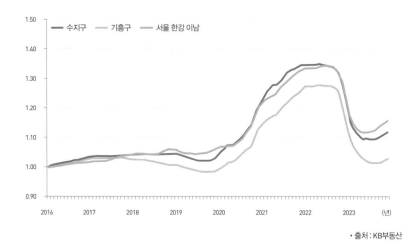

• 출처 : KB부동산

이가 없었으나 2013년이 되자 차이가 벌어지기 시작했고 특히 2013년 하반기 이후는 분당구의 상승 폭이 수정구는 물론이고 서울 한강 이남(11개 구)도 능가하기 시작했다. 물론 분당구의 전세지수가 서울 한강 이남(11개 구)보다도 빠르게 올라간 것은 판교테크노밸리 기업 입주가 2012년부터 시작되면서 직주근접 경쟁력이 더욱 강화된 영향도 있을 것이다. 그러나 신분당선 개통 효과도 부인할 수는 없다. 그래서 이번에는 2016년 1월 신분당선이 분당에서 수지를 거쳐 광교까지 연장 개통된 이후 상황도 확인해봤다.

마찬가지로 위 그래프는 용인시 수지구와 기흥구, 서울 한강 이남의 2016년 1월 전세지수를 모두 1.0으로 전제하고 2023년 말까지 전세지수 추이를 그려본 것이다. 그래프에서 보다시피 신분당선 개통 효과가 없었던 기흥구는 힘이 다소 약한 흐름을 보여주나 신분당선 개통 수혜를 본 수지구는 서울 한강 이남(11개 구)과 8년에 걸쳐 굉장히 유사한 흐름을 보여준다. 과연 신분당선이 없었다면 이렇게 서울과 유사한 전세지수 추이를 보여줄 수 있었을까? 나는 그럴 수 없었을 것이라 생각한다.

앞서 서울 아파트 전세가와 수도권 아파트 입주 물량 사이에 음(陰)의 상관관계가 해를 거듭할수록 깊어지고 있다고 언급했는데 이렇게 신분당선과 같은 교통망의 확충이 이러한 현상에 이바지하고 있음은 두말할 것도 없다.

철도 건설은 택지 공급의 측면을 띄고 있다. 즉, 새로운 철도망이 생겨 일자리가 많은 대도시로의 통근이 편해지면 이는 도시의 면적이 확대된 것과 같은 효과를 지닌다. 새로운 철도 건설 덕분에 출퇴근 시간이 대폭 단축될 경우 그 도시가 다소 먼 곳에 있다고 해도 서울 생활권에 편입된다. 서울의 범위가 확장되는 셈이다. 앞서 신분당선 연장 개통 이후 성남시 수지구가 서울 한강 이남과 굉장히 유사한 전세지수 추이를 보여준 것도 같은 맥락이다. GTX는 그런 관점에서 접근할 수 있으며 그런 의미로 GTX 개통은 해당 지역 부동산에 분명한 호재다. GTX 개통 예정에 따른 오버슈팅은 경계하되, 그 의미를 축소해서 평가할 수 없는 이유다.

5장

지방에서 새로운 기회를 잡아라

부산, 상급지 위주로 접근하라

결론부터 말하면, 부산은 상급지 위주로 접근이 바람직하다. 당연한 이야기일 수 있는데, 특히 부산이 그렇다. 지금부터 그 이유를 살펴보겠다.

부산의 주택구입부담지수는 2024년 2분기 기준 63.0으로, 이는 부산의 중간소득 가구가 부산의 중간가격 주택을 살 때 소득의 15.8%를 주택담보대출 원리금 상환에 사용하는 수준을 의미한다. 이는 전고점인 2017년 4분기 18.4% 대비 0.86배 수준이며 중장기 평균 15.4% 대비 1.02배 수준이다. 그래프에서 보다시피 2020년 4분기 이후 매매가 급등으로 중장기 평균을 단숨에 돌파하더니, 2022년 들어서 집값이 하락했음에도 금리 인상으로 주택구입부담지수가 추가로 상승했으나 같은 해 4분기에 꺾이고 나서는 2023년 3분기까지 하락했다.

• 부산 주택구입부담지수를 소득 대비 주택담보대출 원리금 비중으로 치환

부산 전세가율

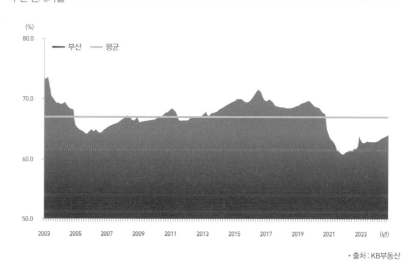

• 출처 : KB부동산

2024년 2분기 지수가 중장기 평균 대비 +2% 초과로 중장기 평균에 거의 근접한 수준이어서 버블이 많이 해소됐고 대출 금리가 추가로 인하될 경우 저

평가 국면 진입이 가능한 상황이다.

부산의 2024년 9월 기준 전세가율은 63.9%로 중장기 평균인 67.0%와 비교하면 다소 낮은 수준이다. 주택구입부담지수는 중장기 평균과 유사한 수준이나 전세가율이 중장기 평균보다 다소 낮은 상황이다. 이런 상황에서 공급 상황을 살펴보자.

부산은 2011~2020년 동안 연평균 2만 5,000여 호가 착공됐는데 2015년부터 2020년까지는 평균을 웃도는 물량이 착공되면서 물량 부담으로 돌아왔다. 그러나 2021년 2만여 호, 2022년 1만 6,000여 호, 2023년 1만 8,000여 호가 착공되면서 중장기 평균보다 적은 물량의 착공이 계속되고 있다. 따라서 부산의 2024~2026년 입주 물량 역시 점차 감소할 것이 예상된다. 이는 해가 거듭될수록 전세가부터 상방 압력을 받을 가능성을 시사한다. 게다가 2024년 착공 물량은 9월까지 1만 2,000여 호에 불과하다. 참고로 착공 물량 그래프에서 2024년 물량은 9월까지 착공된 물량을 1.33배로 환산 반영했다.

이번에는 인허가 물량이다. 부산은 2011~2020년 동안 연평균 2만 4,000여 호가 인허가됐는데 2019~2021년에 평균을 밑도는 인허가가 이뤄지면서 2021~2023년에 평균을 밑도는 착공으로 이어졌다. 다만 눈에 띄는 것은 2022년 인허가 물량이다. 무려 3만 8,000여 호가 인허가됐다. 2023년 인허가 물량도 2만 8,000여 호에 이르러 적지 않은 수준이다. 참고로 인허가 물량도 그래프에서 2024년 물량은 9월까지 인허가된 물량을 1.33배로 환산 반영했다.

공사비 급등 영향으로 착공 물량이 전국적으로 감소 추세이나 인허가 물량만 봤을 때는 부산의 착공 물량이 다시 늘어날 가능성은 있는 셈이다. 따라서 부산의 경우 2022~2023년에 늘어난 인허가 물량이 언제 착공 증가로 이어

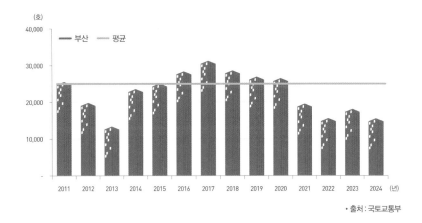

• 출처 : 국토교통부

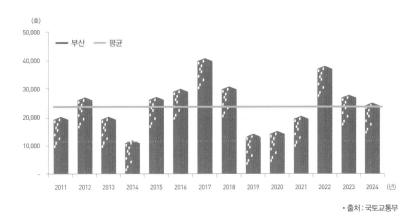

• 출처 : 국토교통부

질지 눈여겨볼 필요가 있다.

　10억 원 이상 금융 자산 보유자도 알아보자. 10억 원 이상 금융 자산 보유자 비중도 전반적으로 수도권이 늘어나고 있는 가운데 부산의 감소 폭이 다른 광역시보다 크다는 점이 눈에 띈다. 10억 원 이상 금융 자산 보유자에서 부산이 차지하는 비중은 다음과 같은 추이를 보여주고 있다. 2019년 7.2% → 2020년 7.4% → 2021년 6.9% → 2022년 6.2%.

고소득자 비중은 어떤 추이를 보여주고 있을까? 전국 상위 0~10% 및 10~20% 소득자에서 부산이 차지하는 비중은 각각 다음과 같다. 상위 0~10% 고소득자는 2019년 6.3% → 2020년 6.2% → 2021년 5.8% → 2022년 5.8%다. 상위 10~20% 고소득자는 2019년 5.9% → 2020년 5.8% → 2021년 5.5% → 2022년 5.5%다.

고용 관련해서도 다양한 지표가 있으나 그중에서 내가 눈여겨보는 지표는 바로 '상용근로자'다. 상용근로자란 고용 계약 기간이 1년 이상인 자를 일컫는 말로써, 계약 기간이 1개월~1년 미만이면 임시직, 1개월 미만이면 일용직으로 분류된다. 즉, 상용근로자는 4대 보험이 적용되는 상대적으로 양질의 일자리에 근무하는 사람이다. 따라서 상용근로자의 증감 추이는 해당 지역에 양질의 일자리가 늘고 있는지 줄고 있는지를 보여주는 핵심 지표다.

2020년 대비 2023년 상용근로자 증가 폭을 보면 부산은 +1%로 전국 주요 17개 시도 중에 가장 낮은 증가율을 기록했다. 부산의 일자리 상황이 생각보다 심각하다는 것을 보여준다. 그리고 이러한 점이 고액 자산가 및 고소득자 비율에서 부산의 감소 폭이 상대적으로 큰 원인으로도 이어진다.

고령화도 부산이 전국 주요 17개 시도에서 가장 빠른 속도를 보여주고 있으며, 고령자 비율 자체도 2022년 기준으로 부산이 21.3%로 서울과 6대 광역시 중에 가장 높은 상황이다. 혼인 건수도 감소 폭이 가장 커서(혼인 건수 증가율 2022년 전국 −0.4%, 부산 −4.2%, 2023년 전국 +1.0%, 부산 −3.0%) 이러한 상황이 추세임을 알 수 있다. 일자리 감소에 따라 젊은층이 이탈하고 있음을 보여주는 단면이다.

부산에 관해 암울한 이야기만 한 거 같은데, 또 다른 관점을 하나 제시하고 자 한다. 실제 고액 자산가·고소득자·상용근로자·고령화 측면에서 부산이 안 좋은 '추이'를 보여주고 있는 것은 사실이나 부산은 아파트 1,000호당 10억 원 이상 금융 자산 보유자 수 전국 2위(2022년 기준 1위 서울 112명, 2위 부산 32명, 3 위 세종 31명, 4위 대구 31명)일 뿐만 아니라 상위 0~10% 고소득자 비율 전국 3위 (1위 서울 29.3%, 2위 경기 28.6%, 3위 부산 5.8%, 4위 인천 4.9%)를 기록하는 광역시다. 여러 지표 추이가 내림세를 띄고 있긴 하나, 절대적 지표 자체는 여전히 강한 상황이다.

조금 더 깊게 들여다보자. 양질의 일자리가 그리 늘지 않아서 젊은층의 이 탈이 커지고 있으나 고액 자산 보유자와 고소득자가 다른 광역시보다 아직 많 다. 이는 부산의 양극화가 갈수록 심화할 수 있음을 시사한다. 실제 지역별 하 위 20% 아파트 대비 상위 20% 아파트 가격 배수(2023년 말 KB부동산 기준)는 부 산이 6.1배로 서울 및 6대 광역시 중에서 가장 높다(1위 부산 6.1배, 2위 울산 5.8배, 3위 광주 5.2배, 4위 대전 4.9배). 따라서 부산 부동산에 관심이 있는 독자라면 서두 에 밝힌 대로 고액 자산가와 고소득자가 선호하는 상급지 위주로 접근하는 게 옳다. 부산의 중·하급지가 상승하더라도 다른 지역보다 상승 폭이 커지기 쉽 지 않다는 의미다.

대구, 향후 공급 감소를 활용하라

대구의 주택구입부담지수는 2024년 2분기 기준 55.3으로, 이는 대구의 중간소득 가구가 대구의 중간가격 주택을 살 때 소득의 13.8%를 주택담보대출 원리금 상환에 사용한다는 것을 뜻한다. 이는 전고점인 2015년 4분기 18.5% 대비 0.75배 수준이며 중장기 평균 15.7% 대비 0.88배 수준이다. 즉, 대구는 주택구입부담지수가 전고점뿐 아니라 중장기 평균을 가장 크게 밑도는 광역시다. 그동안 워낙 입주 물량이 많아 그 여파를 견디지 못하고 다른 지역보다 많이 하락하면서 다음 페이지의 그래프에서 보듯이 역사적 저평가 구간에 진입하고 있는 상황이다.

2024년 2분기 주택구입부담지수가 전고점보다 −25%, 중장기 평균보다 −12% 내려온 상태이기에 중장기적으로 적절한 매수 타이밍에 이미 진입했다고 볼 수 있다.

대구의 2024년 9월 기준 전세가율은 67.8%로 중장기 평균 70.9%보다 다소 낮다. 2022년 11월 71.7% 이래 계속 하락하고 있는데 역시 과공급에 따른 결과다. 그런 상황치고는 전세가율이 중장기 평균과의 괴리나 절대적 수준 자체가 크게 문제인 수준은 아니다. 이는 곧 과공급 구간이 지나면 대구의 하방 지지선이 상당히 탄탄해질 수 있음을 뜻한다.

대구는 2011~2020년 동안 연평균 1만 9,000여 호가 착공됐는데, 그래프에서 보다시피 2018년부터 2021년까지 평균을 크게 웃도는 물량이 착공됐고 이것이 2024년까지 대구 부동산 시장에 과도한 부담을 주는 상황이다. 다만 그 이후 착공 물량이 2022년 1만 5,000여 호, 2023년 1,000호 미만까지 줄면서 2026년 이후는 공급 절벽이 예상된다. 심지어 2024년 착공 물량도 9월까지 2,000여 호에 불과하다. 그동안 과잉 공급으로 다른 지역보다 더 떨어졌던 대구 부동산이지만 2025년 공급 감소, 2026년 이후 공급 절벽을 맞이하면 반대로 큰 폭의 반등을 예상하게 하는 수급 상황을 보여주고 있다. 마치

• 대구 주택구입부담지수를 소득 대비 주택담보대출 원리금 비중으로 치환

대구 전세가율

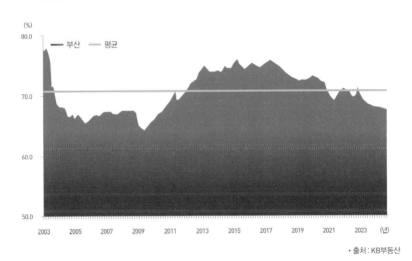

• 출처 : KB부동산

롤러코스터를 보는 듯한 흐름이다.

인허가 물량은 어떨까? 대구는 2011~2020년 동안 연평균 2만 1,000여

대구 아파트 착공 물량 ━━━━━━━━━━━━━━━━━━━━━━

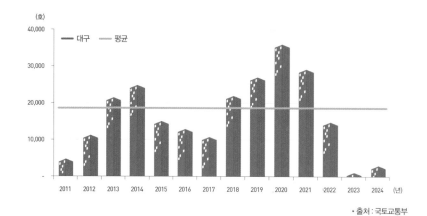

• 출처 : 국토교통부

대구 아파트 인허가 물량 ━━━━━━━━━━━━━━━━━━━━━

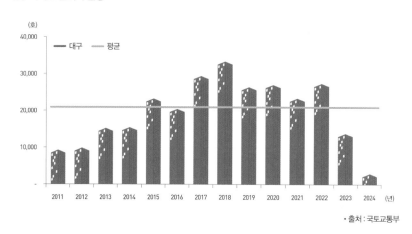

• 출처 : 국토교통부

호가 인허가됐는데 평균을 웃도는 인허가가 2017년부터 2022년까지 계속됐다. 앞서 2022~2023년 대구 착공 물량이 급감했는데 인허가는 2022년까지 평균 이상 이뤄졌기 때문에 향후 제반 환경이 호전될 경우 다시 착공 물량이 늘어날 가능성은 있다. 그러나 2022~2024년 착공 감소에 따른 2025~2027년 공급 감소는 확정적이기 때문에 착공 물량이 다시 늘어난다 해도 대비할 시간은 충분하다.

10억 원 이상 금융 자산 보유자에서 대구가 차지하는 비중은 어떻게 되고 있을까? 2019년 4.5%→2020년 4.5%→2021년 4.4%→2022년 4.3%.

부산만큼 가파른 감소세는 아니나 대구 역시 감소세다. 고소득자 비중도 10억 원 이상 금융 자산 보유자 비중 추세와 변함은 없다. 전국 상위 0~10% 및 10~20% 소득자에서 대구가 차지하는 비중은 각각 다음과 같다. 상위 0~10% 고소득자는 2019년 4.7% → 2020년 4.7% → 2021년 4.5% → 2022년 4.4%다. 상위 10~20% 고소득자는 2019년 4.4%→2020년 4.3% →2021년 4.1%→2022년 4.0%다.

이 역시 부산만큼 가파른 감소세는 아니지만 감소 추세인 것은 사실이다. 상용근로자는 2020년보다 2023년 +13%가 늘어나면서 전국 주요 17개 시도 중에 다섯 번째로 높은 증가 폭을 기록했다. 상당히 양호한 기록이다.

고령화는 대구가 전국 주요 17개 시도 중에 3위로 빠른 고령화 속도를 보여주고 있으며, 고령자 비율 자체도 2022년 기준 18.3%로 서울과 6대 광역시 중에 두 번째로 높은 상황이다.

대구는 부산과 다른 접근 방식이 필요하다. 대구는 고액 자산가와 고소득자 비중이 점차 감소하고 있는 데다 고령화도 빠르게 진행되고 있는 것이 부산과 유사하나, 다른 점이 하나 있다. 바로 앞에서 언급된 '상용근로자'의 증가다. 2020년 대비 2023년 증가율이 +13%인데 대구보다 증가율이 앞선 지자체는 제주(+20%), 세종(+19%), 경기(+17%), 충남(+15%)뿐이다. 광역시 중에서는 대구의 상용근로자가 가장 많이 늘어난 셈이다.

부산보다 고액 자산가와 고소득자 비중은 적으나 상용근로자가 증가하고 있다는 것은 대구의 중·하급지 수요도 탄탄해질 수 있음을 시사한다. 따라서 대구는 자산에 맞는 투자를 권하고 싶다. 그동안 과잉 공급으로 주택 가격이 매력적인 수준에 진입한 데다 향후 공급 절벽이 예고된 점, 주택 수요의 근본이 될 상용근로자가 많이 늘고 있다는 점이 대구를 매력적으로 보여준다.

인천, 일자리가 늘어나는 곳 중심으로 접근하라

인천의 주택구입부담지수는 2024년 2분기 기준 65.2로, 이는 인천의 중간소득 가구가 인천의 중간가격 주택을 살 때 소득의 16.3%를 주택담보대출 원리금 상환에 사용하는 수준을 의미한다. 이는 전고점인 2008년 3분기 22.7% 대비 0.72배 수준이며 중장기 평균 16.6% 대비 0.98배 수준이다. 광역시 중에서 전고점 대비 하락 폭은 인천이 가장 크고, 중장기 평균 대비는 대구가 가장 저평가돼 있다고 할 수 있다.

그래프에서 보다시피 2020년만 해도 다른 광역시 대비 월등히 저평가된 부분이 주택구입부담지수로도 확인된다. 당시 '인천이 심각한 저평가 수준'이라고 블로그와 카페에 글을 썼다. 마침 2020년 하반기부터 매매가가 급등을 지속하면서 주택구입부담지수도 급상승했고 그 이후 금리 인상까지 가세해 지수가 급등을 지속했다가 2022년 4분기 들어 대구와 마찬가지로 지수가 급락했다. 대구처럼 인천도 공급 과잉이 이어지다 보니 주택구입부담지수도 대구와 인천이 다른 광역시보다 더 크게 떨어졌다. 인천도 대구처럼 매력적인 밸류에이션에 진입했다고 할 수 있다.

인천 가계 소득 대비 주택담보대출 원리금 비중 ▬▬▬▬▬▬▬▬▬▬▬▬▬▬▬▬▬

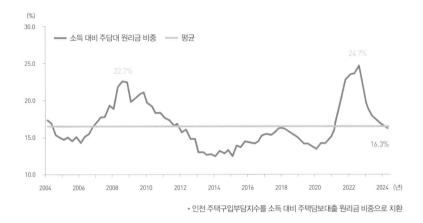

• 인천 주택구입부담지수를 소득 대비 주택담보대출 원리금 비중으로 치환

인천 전세가율 ▬▬▬▬▬▬▬▬▬▬▬▬▬▬▬▬▬▬▬▬▬▬▬▬▬▬▬▬▬▬

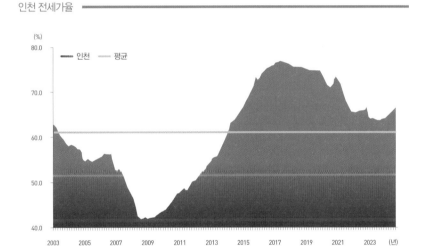

• 출처 : KB부동산

인천의 2024년 9월 기준 전세가율은 66.6%로 중장기 평균인 61.0% 대비 높은 수준이다. 2023년 7월을 저점으로 전세가율이 오르고 있는데 특히 과공

급 구간 속에서도 오르고 있다는 점이 이채롭다. 전세가율이 중장기 평균보다 높은 상황 속에서 공급 급감 구간이 다가오면 하방 지지선은 더욱 탄탄해지고 이는 곧 상방 압력으로의 전환이 수월해짐을 의미한다. 주택구입부담지수 자체도 전고점 대비 크게 떨어져 있고 중장기 평균 수준까지 내려왔기 때문에 향후 공급 급감 구간과 만나는 인천의 상방 압력이 점차 커질 것이다.

인천은 2011~2020년 기간 연평균 1만 8,000여 호가 착공됐는데 대구와 마찬가지로 2018년부터 2021년까지 평균을 크게 웃도는 물량이 착공됐다. 인천도 대구처럼 2024년까지 물량 부담에서 벗어나기 힘든 상황을 의미하는데, 신기하게도 2022년 1만 9,000여 호, 2023년 1만 4,000여 호로 착공 물량이 크게 줄어드는 모습도 대구와 닮았다. 결국, 이는 공급 급증에 따른 반대급부 현상이 벌어졌다고 해도 과언이 아니다. 공급이 늘어나다 보니 가격이 하락하고 미분양이 늘어나면서 건설사 입장에서는 해당 지역에 주택을 짓는 실익이 감소해 공급이 급감하는 레퍼토리가 대구와 인천에서 벌어지고 있는 셈이다. 인천 역시 과잉 공급으로 매매가가 하락한 부분이 있는데, 2025년 이후 공급 감소를 맞이할 것으로 보여 해당 시기에 상승 탄력을 받을 가능성이 점차 커지고 있다. 다만 2024년은 9월까지 2만여 호가 착공돼 적지 않은 수준이다. 착공 물량이 반등 추세를 밟을지 지켜볼 필요가 있다.

인천은 2011~2020년 기간 연평균 2만 3,000여 호가 인허가됐는데 2019년 3만 9,000여 호를 정점으로 인허가가 빠르게 감소했다. 2021년 1만 8,000여 호, 2022년 1만 5,000여 호로 인허가가 줄면서 2022~2023년 착공 감소로 이어졌는데, 2023년 2만 7,000여 호로 인허가가 다시 급증했다. 2024년 착공 증가는 2023년 인허가 증가 영향이 있는 것으로 보이는데, 2024년 9월까지 8,000여 호만 인허가됐기 때문에 2025년 이후 다시 착공

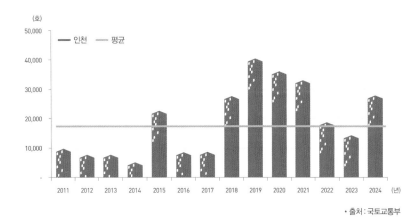

• 출처 : 국토교통부

인천 아파트 인허가 물량

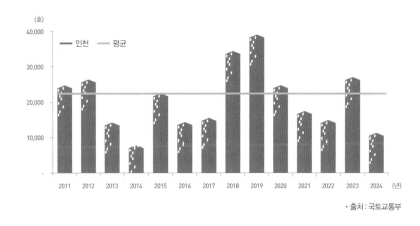

• 출처 : 국토교통부

물량이 감소할 가능성이 크다.

10억 원 이상 금융 자산 보유자에서 인천이 차지하는 비중은 어떤 추이를 그리고 있을까? 2019년 2.9% → 2020년 2.9% → 2021년 3.1% → 2022년

3.1%. 부산과 대구는 10억 원 이상 금융 자산 보유자 비중이 감소하고 있음을 앞서 확인한 바 있는데, 인천은 그 비중이 늘어나고 있음을 볼 수 있다. 물론 절대적 비중 자체는 부산과 대구에 아직 미치지 못한다.

고소득자 비중도 비슷한 추세를 보여주고 있다. 전국 상위 0~10% 및 10~20% 소득자에서 인천이 차지하는 비중은 각각 다음과 같다. 상위 0~10% 고소득자는 2019년 4.6% → 2020년 4.6% → 2021년 4.9% → 2022년 4.9%다. 상위 10~20% 고소득자는 2019년 5.7% → 2020년 5.8% → 2021년 6.0% → 2022년 6.1%다.

보다시피 10억 원 이상 금융 자산 보유자도, 상위 0~10%, 10~20% 고소득자 비중도 인천은 증가 추세. 수도권 집중 현상의 한 단면이라 할 수 있다. 송도신도시를 중심으로 주요 일자리 및 학교가 조성되면서 인천의 경쟁력을 높여주고 있다. 상용근로자도 2020년보다 2023년 +12% 증가하면서 전국 주요 17개 시도에서 여섯 번째로 높은 증가율을 기록하고 있으며 고령화도 전국 평균 수준을 보여주고 있다.

인천은 고액 자산가 및 고소득자 비중이 증가 추세이고 양질의 일자리 역시 늘어나고 있는 점이 확인돼 상·하급지 모두 골고루 상승 탄력이 예상된다. 다만 앞서 언급한 대로 3기 신도시 착공 상황을 눈여겨볼 필요가 있다. 지금까지 사례들, 즉 판교·위례신도시, 동탄2신도시, 세종시 입주 때 주변 지역이 상대적으로 큰 타격을 받았음을 고려한다면 3기 신도시 입주는 광역시 중에 인천에 가장 큰 영향을 줄 것으로 보인다. 따라서 3기 신도시가 언제 착공될지 지켜보는 것은 인천에 관심 있는 독자에게는 꼭 필요한 사항이다.

대전, 2022년 인허가 물량이 착공으로 이어질지 관찰하자

대전의 주택구입부담지수는 2024년 2분기 기준 61.6으로, 이는 대전의 중간 소득 가구가 대전의 중간가격 주택을 살 때 소득의 15.4%를 주택담보대출 원리금 상환에 사용하는 수준을 의미한다. 이는 전고점인 2011년 4분기 15.9% 대비 0.97배 수준이며 중장기 평균 14.3% 대비 1.08배 수준이다. 2022년 주택구입부담지수를 보면 대전이 광역시 중에서 가장 고평가돼 있었는데 그 고평가 국면이 꺾이면서 광주에 1위 자리를 넘겨줬다. 그러나 여전히 전고점과 큰 차이가 없는 수준이기 때문에 고평가 상황은 아직 이어지고 있다.

대전의 2024년 9월 기준 전세가율은 70.3%로 중장기 평균인 67.0%보다 다소 높다. 인천과 비슷한 점이 많은데 대전 역시 2023년 8월을 저점으로 전세가율이 조금씩 오르고 있다. 대전도 인천과 마찬가지로 전세가율이 중장기 평균보다 높기에 공급 급감 구간과 만나면 상방 압력 전환이 수월하다. 다만 주택구입부담지수는 인천이 대전보다 중장기 평균과의 괴리가 적기 때문에 그런 관점에서 인천의 상방 압력이 대전보다는 더 클 것이다.

대전은 2011~2020년 기간 연평균 8,000여 호가 착공됐는데, 2021년에 갑자기 2만여 호가 착공됐다. 평균의 2배를 훌쩍 넘어서는 착공 물량이기 때문에 2024년 입주 물량 부담을 소화하기가 만만치 않아 보였으나 2022년 착공 물량이 8,000여 호로 평균 수준으로 감소했고 2023년에는 6,000여 호로 감소했기 때문에 수급 부담은 점차 줄어들 것으로 보인다. 그러나 2024년 9월까지 1만 2,000여 호로 착공이 다시 늘어났기 때문에 착공 증가 추세가 이어질지가 관건이다.

대전은 2011~2020년 기간 연평균 9,000여 호가 인허가됐다. 2019년부

대전 가계 소득 대비 주택담보대출 원리금 비중

• 대전 주택구입부담지수를 소득 대비 주택담보대출 원리금 비중으로 치환

대전 전세가율

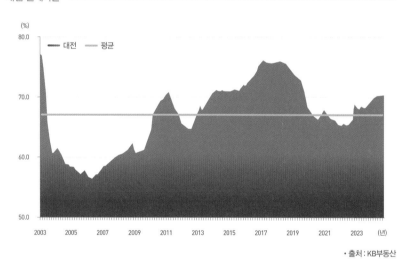

• 출처 : KB부동산

터 중장기 평균을 상당히 크게 웃도는 인허가가 계속되고 있다. 특히 2022년
은 평균을 2배 이상 크게 웃도는 2만 1,000여 호가 인허가된 점이 부담스럽

대전 아파트 착공 물량 ━━━━━━━━━━━━━━━━━━━━━━━

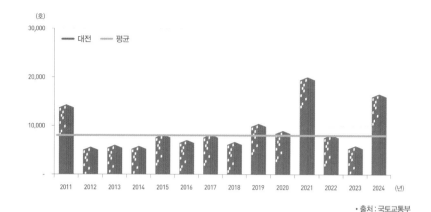

• 출처 : 국토교통부

대전 아파트 인허가 물량 ━━━━━━━━━━━━━━━━━━━━━━

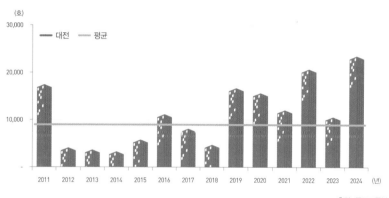

• 출처 : 국토교통부

다. 2023년은 1만 1,000여 호로 감소했으나 중장기 평균보다는 많은 데다 2024년도 9월까지 1만 8,000여 호가 인허가돼 적지 않은 수준이다. 이러한 인허가 물량이 착공으로 이어지면 대전의 중장기 물량 부담이 적지 않을 것이기에 언제 착공 물량이 늘어날지 예의주시해야 한다.

이제는 10억 원 이상 금융 자산 보유자 비중 추이를 알아보자. 부산과 대구는 감소 추세였고 인천은 증가 추세였는데 대전은 어떨까? 2019년 2.0% → 2020년 2.0% → 2021년 2.0% → 2022년 2.1%. 대전은 유지 또는 소폭 증가한 상황이다. 정확히는 감소 추세인 부산·대구와 증가 추세인 인천의 중간 정도 되는 수준이다. 고소득자 비중 추이도 비슷하다. 전국 상위 0~10% 및 10~20% 소득자에서 대전이 차지하는 비중은 각각 다음과 같다. 상위 0~10% 고소득자는 2019년 2.6% → 2020년 2.6% → 2021년 2.6% → 2022년 2.6%다. 상위 10~20% 고소득자는 2019년 2.6% → 2020년 2.6% → 2021년 2.6% → 2022년 2.6%다. 놀랍게도 2019년부터 2022년까지 4년 간 상위 0~10% 고소득자 비중도, 상위 10~20% 고소득자 비중도 2.6%를 유지하고 있다. 수도권 집중 현상 속에서 나름 선전 중이다.

2020년 대비 2023년 상용근로자 증가율도 +11%로 전국 주요 시도 17개 중에서 7위를 기록해 이 역시 선전하고 있으며, 고령화 속도 및 고령자 비율(15.8%)도 전국 평균 수준을 기록하고 있다. 무난한 성적표다.

이러한 상황이기에 대전은 향후 수급 상황이 더욱 중요하다. 2021년 착공 물량이 많기에 단기적인 물량 압박은 있다. 그러나 이후 공급 감소가 다가오는 호재가 있어서 2022년 인허가 물량이 착공 증가로 이어지기 전까지는 상대적으로 양호한 흐름이 예상된다.

광주, 조정 이후 공급 부족 장기화의 힘이 발휘될 것

광주의 주택구입부담지수는 2024년 2분기 기준 51.4로, 이는 광주의 중간소득 가구가 광주의 중간가격 주택을 살 때 소득의 12.9%를 주택담보대출 원리금 상환에 사용하는 수준을 의미한다. 이는 전고점인 2017년 4분기 12.2% 대비 1.05배 수준이며 중장기 평균 10.8% 대비 1.19배 수준이다. 지수 자체가 하락 추세이기는 하나 중장기 평균과 비교해보면 6대 광역시 중에서 가장 고평가인 상황이다.

광주의 2024년 9월 기준 전세가율은 72.8%로 중장기 평균인 73.9%보다 소폭 낮은 수준이다. 그러나 전세가율의 절댓값 자체가 상당히 높은 수준이긴 하다. 게다가 2021~2022년 착공 물량이 많이 감소했기 때문에 점차 전세가율이 높아질 가능성이 있다. 다만 광역시 중에서 주택구입부담지수가 중장기 평균 대비 가장 높은 상황이어서 전세가율의 상승 자체가 곧바로 매매가를 크게 올리기는 어려울 것이다. 매매가를 밀어 올리려면 전세가율이 최소한 중장기 평균보다 높아져야 할 것으로 보인다.

광주는 2011~2020년 기간 연평균 1만 2,000여 호가 착공됐는데, 2020년 이후 착공 물량이 평균을 밑돌고 있었으나 2023년은 오히려 착공 물량이 평균을 웃돈 유일한 광역시다. 물론 2020~2022년 착공 물량은 중장기 평균보다 상당히 적어서 상방 압력을 받을 것이다. 그러나 주택구입부담지수 중장기 평균과 비교했을 때 광주의 오버슈팅 정도가 상대적으로 높아서 일정 수준의 조정은 필요하다.

광주는 2011~2020년 기간 연평균 1만 4,000여 호가 인허가됐는데 2020년 이후 인허가 물량이 중장기 평균을 크게 밑도는 데다 2023년에도 1만

광주 가계 소득 대비 주택담보대출 원리금 비중 ━━━━━━

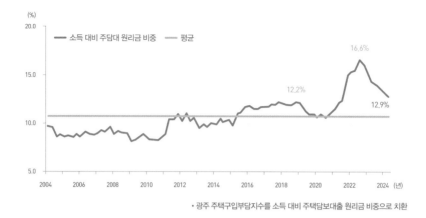

• 광주 주택구입부담지수를 소득 대비 주택담보대출 원리금 비중으로 치환

광주 전세가율 ━━━━━━

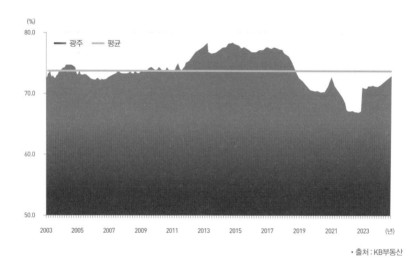

• 출처 : KB부동산

1,000여 호 인허가로 2022년보다는 늘었으나 여전히 중장기 평균보다 적다. 게다가 2024년은 9월까지 3,000여 호만 인허가됐다. 이는 곧 광주의 공급 감

광주 아파트 착공 물량

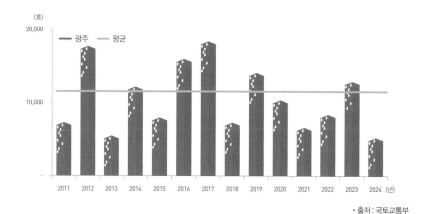

• 출처 : 국토교통부

광주 아파트 인허가 물량

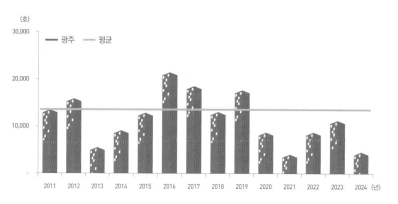

• 출처 : 국토교통부

소가 중장기적으로 계속될 가능성이 크다는 의미다. 다만 앞서 언급한 내로
광역시 중에서 가장 고평가된 밸류에이션이 어느 정도 해소돼야 장기간의 공
급 감소에 따른 상승 효과를 제대로 누릴 수 있을 것이다.

10억 원 이상 금융 자산 보유자에서 광주가 차지하는 비중은 어떤 추이를 그리고 있을까? 2019년 1.6% → 2020년 1.6% → 2021년 1.8% → 2022년 1.8%. 수도권에서 상대적으로 멀리 떨어져 있는 공통점이 있음에도 부산과 대구 비중이 감소 추세인데 광주 비중이 증가 추세인 점은 놀랍다. 다만 절대적인 비중 자체는 부산과 대구보다 많이 열세인 상황이다. 선전하고 있는 모습은 고소득자 비중에서도 드러난다. 전국 상위 0~10% 및 10~20% 소득자에서 광주가 차지하는 비중은 각각 다음과 같다. 상위 0~10% 고소득자는 2019년 2.3% → 2020년 2.4% → 2021년 2.4% → 2022년 2.3%다. 상위 10~20% 고소득자는 2019년 2.4% → 2020년 2.4% → 2021년 2.5% → 2022년 2.4%다. 보다시피 약간의 등락은 있으나 2019년과 2022년의 비중은 똑같다. 수도권 편중의 흐름 속에서 광주의 지분을 뺏기지 않고 잘 버티고 있는 셈이다.

2020년보다 2023년 상용근로자 증가율은 +8%로 전국 평균(+11%)에 다소 못 미치는 수준이나, 고령자 비율은 15.4%로 서울과 6대 광역시 중에 두 번째로 낮으며 고령화 속도도 광역시 중에서 가장 느리다. 즉, 양질의 일자리 증가 폭은 기대에 미치지는 못하나 일자리 자체가 늘어나고 있는 것은 분명하며 젊은층의 비율도 상대적으로 양호한 곳이 광주다.

고액 자산가와 고소득자 비중이 유지되고 있고, 젊은층의 비율도 상대적으로 양호한 점들을 고려하면 광주는 상급지뿐 아니라 젊은층이 선호하는 입지도 다른 곳보다 중요성이 더 크게 다가온다.

울산, 부산처럼 상급지 위주로 접근하라

울산의 주택구입부담지수는 2024년 2분기 기준 46.0이다. 이는 울산의 중간소득 가구가 울산의 중간가격 주택을 살 때 소득의 11.5%를 주택담보대출 원리금 상환에 사용하는 수준이다. 이는 전고점인 2017년 2분기 14.5% 대비 0.80배 수준이며 중장기 평균 11.6% 대비 0.99배 수준이다. 울산은 중장기 평균을 하향 돌파한 세 번째 광역시다. 대구, 인천 다음으로 저평가된 곳이라고 할 수 있다.

울산의 2024년 9월 기준 전세가율은 73.7%로 중장기 평균인 71.5%에 비해 조금 높다. 광주와 마찬가지로 전세가율의 절댓값 자체가 상당히 높은 수준인 데다 2024년 들어 상승을 지속하고 있는 점이 눈에 띈다. 울산의 주택구입부담지수가 상대적으로 저평가인 곳이라는 점을 알려주고 있어서 전세가율만 상승을 지속한다면 매매가도 상승 탄력을 크게 받을 것이다.

울산은 2011~2020년 기간 연평균 7,000여 호가 착공됐는데 그래프에서 보다시피 2020~2022년은 평균에 수렴하는 착공 물량을 보이면서 수급상 큰 진폭이 없는 모습이다. 그러나 2023년은 6,000여 호, 2024년은 9월까지 2,000여 호만 착공돼 2026년 이후 공급 감소 가능성이 크다.

울산은 2011~2020년 기간 연평균 9,000여 호가 인허가됐다. 특히 최근 인허가 물량이 적지 않은 수준이다. 2019년 5,000여 호를 기점으로 2020년 7,000여 호, 2021년 1만여 호, 2022년 1만 4,000여 호, 2023년 1만 4,000여 호로 증가하는 추세다. 게다가 절대적인 양 자체가 중장기 평균보다 상당히 많다. 인허가 물량이 많다는 건 중장기 공급 확대 가능성이 있다는 것이므로 이것이 언제 착공 물량으로 이어질지 울산도 눈여겨봐야 하는 상황이다.

울산 가계 소득 대비 주택담보대출 원리금 비중

• 울산 주택구입부담지수를 소득 대비 주택담보대출 원리금 비중으로 치환

울산 전세가율

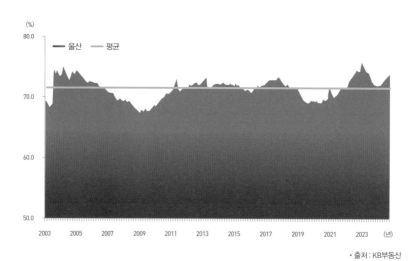

• 출처 : KB부동산

다만 2024년은 9월까지 3,000여 호만 인허가돼 중장기 공급 감소 가능성도
있다.

10억 원 이상 금융 자산 보유자에서 울산이 차지하는 비중은 어떤 추이를 그리고 있을까? 2019년 1.4% → 2020년 1.2% → 2021년 1.2% → 2022년 1.3%. 이는 HD현대(구 현대중공업지주)의 연간 매출 추이와 유사한 흐름을 보여준다. HD현대의 연간 매출은 2019년 26.6조 원, 2020년 18.9조 원, 2021년 28.4조 원, 2022년 60.8조 원(HD현대오일뱅크 병합 등 사업 추가)으로 등락을 보여줬다. 10억 원 이상 금융 자산 보유자 비중 추이와 유사한 흐름이다. 고소득자 비중 추이 역시 비슷한 모습을 보여준다. 전국 상위 0~10% 및 10~20% 소득자에서 울산이 차지하는 비중은 각각 다음과 같다. 상위 0~10% 고소득자는 2019년 2.0% → 2020년 1.9% → 2021년 1.8% → 2022년 1.9%다. 상위 10~20% 고소득자는 2019년 1.7% → 2020년 1.8% → 2021년 1.7% → 2022년 1.8%다. 2020~2021년이 부진했다가 2022년에 일부 회복되는 모습이 HD현대 연간 매출 추이와 똑같다. 결국, 울산의 지역 경제에서 HD현대가 차지하는 비중이 막대하다는 사실을 다시 한번 느낄 수 있다. 그리고 최근 수년간 조선업의 호전은 울산 부동산에도 훈풍을 불어 넣어줄 것을 예상할 수 있다.

2020년 대비 2023년 상용근로자 증가율은 광주와 같은 +8%로 전국 평균 (+11%)에 미치지 못하고 있으나 고령자 비율은 14.6%로 서울과 6대 광역시 중에 가장 낮다. 다만 고령화 속도는 부산 다음으로 빠른 상황이라서, 현재는 고령자 비율이 낮으나 젊은층의 이탈이 상대적으로 빠르다는 문제도 있다.

지역 경제가 호전되고 있고 양질의 일자리 증가 폭 역시 전국 평균에는 미치지 못하지만 늘어나고 있다. 그러나 젊은층의 이탈이 빠르다는 것은 결국 젊은층의 제조업 선호도가 점차 떨어지고 있다는 사실을 보여준다. 그리고 실제 울산은 부산과 마찬가지로 하위 20% 아파트 대비 상위 20% 아파트 가격 배

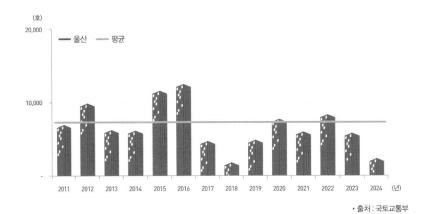

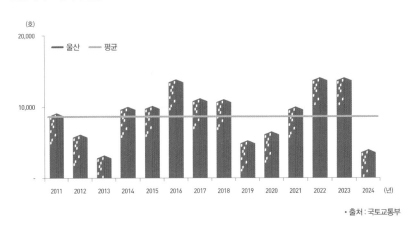

수(2023년 말 KB부동산 기준)가 5.8배로 매우 높은 편이다(서울 및 6대 광역시 중 1위 부산 6.1배, 2위 울산 5.8배). 울산 역시 젊은층이 선호하는 입지보다는 상급지 위주의 접근이 바람직하다.

그래서 사야 할 곳은?

단연 대구다. 두 번째를 꼽자면 인천이다. 우선 앞서 말한 것처럼 그동안 과잉 공급의 직격타를 맞았기 때문에 2021년 말부터 2023년 말까지 가장 큰 하락을 겪은 곳이 대구와 인천이다(KB부동산 기준으로 서울 −9.2%, 경기 −13.5%, 부산 −10.1%, 대구 −16.1%, 인천 −15.3%, 광주 −4.1%, 대전 −12.0%, 울산 −8.4%).

가장 많이 떨어졌다는 것은 거꾸로 말하면 가격 메리트가 가장 크다는 의미다. 그동안 가장 많은 공급이 이뤄져서 가장 크게 하락한 만큼, 그 반대급부로 향후 공급 감소 속도도 가장 가파르다. 특히 대구의 2023년 착공 물량이 1,000호에도 미치지 못하고 2024년 착공 물량도 9월까지 2,000호에 미치지 못한다는 사실은 충격적이다. 과잉 공급으로 대구의 미분양 물량이 가장 많았던 것이 영향을 미쳤다고 볼 수밖에 없다(2023년 말 기준 미분양 주택: 대구 10,245호, 경기 5,803호, 인천 3,270호, 부산 2,997호, 울산 2,941호, 서울 958호, 대전 894호, 광주 596호).

가장 큰 하락으로 가격 메리트가 가장 큰데 향후 공급 감소 속도도 가장 가파른 곳이 바로 대구인 셈이다. 게다가 대구는 상용근로자로 대표되는 양질의 일자리도 많이 증가하고 있어 상·하급지 할 것 없이 매력적인 점 역시 장점이다. 따라서 나는 사야 할 곳으로 대구를 가장 추천한다.

2018년 주택임대사업자 등록 물량들은
2026년 만기 이후 매물로 나올까?

주택임대사업자는 2017년 12월 '임대주택 등록 활성화 방안' 발표 이후 급증해 2018년에만 사업자 14만 7,957명, 임대주택 32만 2,237가구가 늘었다. 각각 전년보다 2.6배, 2.0배 커진 규모다. 2018년에 주택임대사업으로 등록된 물량이 많다는 것은 바꿔 말하면 2026년에 8년 만기로 자동 말소되는 물량도 많다는 것이다. 이는 시중에 얼마나 매물로 나올 것인지 아주 중요한 포인트다. 얼마나 많은 물량이 나올지는 현재 알 수 없다. 2026년 이후 시점에서 종부세와 재산세 등 부동산 세제에 따라 향방이 갈릴 것이다. 특히 2027년 3월 대선의 향방이 다주택을 보유하고 있는 임대사업자들의 선택에 큰 영향을 줄 것이다.

알다시피 지난 22대 총선은 민주당을 위시한 야권의 압승으로 끝났다. 192석에 이르는 압도적인 의석을 가진 야권이 대권도 거머쥘 경우 마음만 먹으면 다주택자에게 더욱 강력한 규제를 시행할 수 있다. 하물며 시간이 갈수록 착공 감소에 따른 공급 부족이 체감될 것이다. 정치권에서도 공급 부족의 책임을 글로벌 인플레이션 심화에 따른 착공 감소보다 다주택자에게 돌리는 것에 매력을 느낄 수 있다. 주택 수에 따른 과세를 보다 강화할 수 있다는 이야기다.

지역	임대주택 재고			매물	비율
	2020년	2021년	2022년	2024년 8월	임대주택/매물
전국 (총계)	569,320	541,404	504,504	544,443	93%
서울	85,273	78,339	69,011	80,181	86%
부산	31,055	29,015	26,037	56,000	46%
대구	10,881	5,935	6,054	38,749	16%
인천	31,473	24,643	22,090	34,224	65%
광주	22,151	22,035	19,508	20,981	93%
대전	6,460	9,490	8,520	17,546	49%
울산	2,343	2,537	2,748	13,738	20%
세종	5,525	4,651	4,081	7,441	55%
경기도	162,165	120,900	109,545	149,014	74%
강원도	19,336	26,793	26,735	14,775	181%
충청북도	22,879	27,266	27,468	15,231	180%
충청남도	32,463	35,222	33,397	22,115	151%
전라북도	23,760	22,160	22,198	13,720	162%
전라남도	52,165	68,302	64,660	8,238	785%
경상북도	18,750	21,784	23,485	19,490	120%
경상남도	36,552	37,003	34,366	31,159	110%
제주	6,089	5,329	4,601	1,841	250%

• 출처 : 국토교통부, 아파트 실거래가 앱

그렇기에 2026년 만기 물건 중에 얼마나 많은 물량이 시중에 나올지는 알 수 없다. 주택임대사업자 만기로 당장 부과되는 종부세, 재산세 등 보유세가 부담된다고 하더라도 8년간 올려받지 못한 전월세를 시세 수준까지 끌어올린다면 당분간 버틸 여력은 차고 넘친다. 따라서 다주택자들은 2027년 3월 대선 결과에 촉각을 곤두세울 것이다.

야권이 대선까지 승리한다면 향후 다주택자들이 규제 강화를 우려해 시중에 임대사업 만기 매물을 대량으로 내놓을 가능성이 크다는 전제하에 지역별로 임대주택 재고가 얼마나 될지 알아봤다. 이에 2022년 말 기준 임대주택(아파트 기준) 수와 2024년 8월 24일 기준 지역별 매물 수(아파트 실거래가 앱 기준)를 비교했다.

임대주택 재고에서는 공공지원민간임대주택을 제외한 단기민간임대주택, 장기일반민간임대주택을 봤다. 113페이지 표에서 보다시피 임대주택 재고는 2020년 56만 9,000여 호 → 2021년 54만 1,000여 호 → 2022년 50만 5,000여 호로 감소하고 있다. 경기도의 감소세가 가파른 것이 눈에 띈다. 지난 2년간 경기도 주택임대사업자 말소 물건이 많았다는 것을 확인할 수 있다.

2022년 임대주택 재고가 향후 매물로 나올 수 있는 잠재 매물이라고 간주하고 이를 현재 매물 수와 비교해보면 주요 시에서는 광주, 서울, 인천, 세종 순으로 많고, 주요 도에서는 전남, 제주, 강원, 충북 순으로 많다. 시보다 도가 훨씬 '현재 매물 대비 임대주택 재고'가 많다. 임대주택 매물 출회가 가시화될 경우 주요 시보다 도(경기도 제외)의 타격이 훨씬 클 것이라는 의미다. 다시 말하자면 다주택자에 대한 규제를 보유세 측면에서 강화할 경우 매물은 시보다 도에서 훨씬 많이 나올 것으로 보이므로 이 역시 양극화로 이어질 개연성이 충분하다.

지역별 아파트 세대수와 임대주택 재고를 비교해도 마찬가지다. 주요 시에서는 광주, 서울, 세종, 인천 순으로 많고, 주요 도에서는 전남, 강원, 충북, 충남 순으로 많다. 그리고 시보다 도가 '아파트 세대수 대비 임대주택 재고'가 많다. 역시 2026년 이후 임대주택이 매물로 많이 나오면 주요 시보다 도가 훨씬 하방 압력이 거셀 것으로 보인다.

아직 많은 시간이 있지만 2026년 주택임대사업자 만기 물건의 향방은 시장에 큰 영향을 줄 수 있다는 측면에서 중요하다. 2027년 3월 대선의 향방에

지역	임대주택 재고	아파트 세대수	비율
	2022년	2022년	임대주택/아파트 수
전국(총계)	504,504	12,268,973	4.1%
서울	69,011	1,851,242	3.7%
부산	26,037	898,404	2.9%
대구	6,054	627,191	1.0%
인천	22,090	717,820	3.1%
광주	19,508	451,265	4.3%
대전	8,520	383,514	2.2%
울산	2,748	295,539	0.9%
세종	4,081	130,572	3.1%
경기도	109,545	3,358,597	3.3%
강원도	26,735	379,372	7.0%
충청북도	27,468	400,844	6.9%
충청남도	33,397	510,531	6.5%
전라북도	22,198	432,466	5.1%
전라남도	64,660	381,917	16.9%
경상북도	23,485	555,358	4.2%
경상남도	34,366	814,296	4.2%
제주	4,601	80,045	5.7%

• 출처 : 국토교통부

눈길이 가는 이유다.

6장

아파트 추천 기준 다섯 가지

직주근접

입지는 수많은 요소로 구성된다. 그중에서 대표적인 것들을 따지자면 직주근접, 학군, 주변 인프라, 단지 규모 등이다. 물론 그중에도 우선순위가 있다. 부동산 입지를 바라보는 사람마다 각 요소의 중요도는 다르겠지만 나 역시 나름의 우선순위를 매겨 이야기하고자 한다. 우선 직주근접이다. 나는 입지에서 직주근접을 가장 중요하게 생각한다. 서울 25개 구 중에서 아파트 세대수가 5만 호 이상인 19개 구를 추리고, 그 안에서 구별 사업체 종사자 수를 아파트 세대수로 나누면 강남구, 영등포구, 서초구, 마포구, 성동구, 송파구 순으로 높은 것을 확인할 수 있다. 나는 여기서 '아파트 1세대당 사업체 종사자 수'를 해당 지역의 '직주근접 경쟁력'이라고 표현하고 싶은데, 바로 이 직주근접 경쟁력이 강한 곳이 앞에서 언급한 구들이다.

단위 : 천 명/천 세대

	서울	강남구	영등포구	서초구	마포구	성동구	송파구
사업체 종사자 수 (A)	5,771	801	435	488	280	203	401
아파트 세대수 (B)	1,851	132	79	93	75	68	135
아파트 1세대당 사업체 종사자 수 (A÷B)	3.12	6.09	5.50	5.26	3.73	2.98	2.97

• 출처 : 사업체 종사자 수(2021년) – 서울 열린데이터 광장, 아파트 세대수(2022년) – 통계청

그런데 아파트 5만 호 이상인 구에서 서울 아파트 평당 가격 순위를 2023년 말 기준으로 뽑아보면 강남구, 서초구, 송파구, 성동구, 양천구, 마포구 순이다 (부동산R114). 표에서 직주근접 경쟁력이 강한 것으로 언급된 구들이 거의 다 포함돼 있다. 이것만으로도 직주근접 경쟁력이 집값과 가장 밀접한 관계가 있음을 알 수 있다. 한 가지 예외가 양천구인데, 실제 양천구는 아파트 5만 호 이상 19개 구에서 직주근접 경쟁력이 17위에 불과하다(사업체 종사자 수 13만 4,000여 명, 아파트 세대수 9만 3,000여 호로 아파트 1세대당 사업체 종사자 1.44명). 직주근접 경쟁력이 약함에도 아파트 평당 가격 순위에서 5위를 기록한 것은 양천구의 독특한 경쟁력, 즉 학군의 우수성이 반영된 결과다. 물론 풍부한 대지지분에서 비롯된 재건축 경쟁력도 한몫했음은 당연한 사실이다. 결국, 이러한 근거를 바탕으로 추천 아파트 단지를 선정할 때 직주근접을 가장 중요한 기준으로 생각했다.

직주근접 경쟁력과 집값의 밀접한 상관관계를 또 다른 데이터로 확인하는 방법이 하나 있는데, 그것은 바로 '지하철역 출근시간대 하차 인원'이다. 출근시간대 하차 인원이 많거나 많아지고 있는 역이라는 것은 그 주변에 직장이

순위	2018년	2019년	2020년	2021년	2022년	2023년
1위	가산디지털단지	가산디지털단지	가산디지털단지	가산디지털단지	가산디지털단지	가산디지털단지
2위	강남	선릉	선릉	선릉	선릉	서울역
3위	선릉	선릉	선릉	선릉	여의도	선릉
4위	서울역	서울역	여의도	여의도	서울역	여의도
5위	역삼	역삼	서울역	역삼	역삼	역삼
6위	삼성	여의도	역삼	서울역	강남	강남
7위	시청	삼성	삼성	삼성	삼성	시청
8위	여의도	시청	시청	시청	시청	삼성
9위	잠실	잠실	을지로입구	을지로입구	잠실	을지로입구
10위	을지로입구	을지로입구	잠실	잠실	을지로입구	잠실
11위	고속터미널	고속터미널	양재	성수	성수	종각
12위	광화문	종각	구로디지털단지	구로디지털단지	양재	성수
13위	종각	양재	종각	양재	구로디지털단지	고속터미널
14위	양재	광화문	교대	교대	고속터미널	광화문
15위	교대	구로디지털단지	광화문	고속터미널	종각	양재
16위	구로디지털단지	교대	성수	광화문	교대	을지로3가
17위	을지로3가	을지로3가	고속터미널	종각	을지로3가	교대
18위	종로3가	성수	을지로3가	을지로3가	광화문	구로디지털단지
19위	성수	종로3가	공덕	공덕	공덕	공덕
20위	충무로	공덕	종로3가	학동	학동	학동
21위	공덕	용산	학동	종로3가	종로3가	용산
22위	압구정	압구정	압구정	강남구청	강남구청	종로3가
23위	학동	충무로	강남구청	압구정	압구정	강남구청
24위	홍대입구	학동	충무로	충무로	용산	홍대입구
25위	용산	홍대입구	청담	용산	홍대입구	압구정
26위	동대문 역사문화공원	동대문 역사문화공원	용산	청담	충무로	충무로
27위	남부터미널	회현	남부터미널	남부터미널	청담	청담
28위	회현	남부터미널	동대문 역사문화공원	신사	디지털미디어시티	합정
29위	사당	강남구청	홍대입구	문정	합정	남부터미널
30위	청담	사당	신사	홍대입구	남부터미널	디지털미디어시티

역	2018년	2019년	2020년	2021년	2022년	2023년
가산디지털단지	1	1	1	1	1	1
서울역	4	4	5	6	4	2
선릉	3	2	2	2	2	3
여의도	8	6	4	4	3	4
역삼	5	5	6	5	5	5
강남	2	3	3	3	6	6
시청	7	8	8	8	8	7
삼성	6	7	7	7	7	8
을지로입구	10	10	9	9	10	9
잠실	9	9	10	10	9	10
종각	13	12	13	17	15	11
성수	19	18	16	11	11	12
고속터미널	11	11	17	15	14	13
광화문	12	14	15	16	18	14
양재	14	13	11	13	12	15
을지로3가	17	17	18	18	17	16
교대	15	16	14	14	16	17
구로디지털단지	16	15	12	12	13	18
공덕	21	20	19	19	19	19
학동	23	24	21	20	20	20
용산	25	21	26	25	24	21
종로3가	18	19	20	21	21	22
강남구청	31	29	23	22	22	23
홍대입구	24	25	29	30	25	24
압구정	22	22	22	23	23	25
충무로	20	23	24	24	26	26
청담	30	31	25	26	27	27
합정	32	33	31	32	29	28
남부터미널	27	28	27	27	30	29
디지털미디어시티	38	35	33	31	28	30

많거나 새로운 직장이 생겨나고 있다는 의미다. 따라서 해당 역과의 접근성이 좋은 곳이 그 가치가 높아질 것이라는 점도 쉽게 예상할 수 있다. 그런 의미에서 나는 매년 연도별 서울 출근시간대 하차 인원 상위 30개 역을 뽑고 있다. 오전 6~10시 수도권 전체 역의 하차 인원을 뽑아보았다.

가산디지털단지가 부동의 1위를 유지하는 가운데 강남-역삼-선릉-삼성-잠실의 2호선 역들이 꾸준히 10위 안에 있어 동남권의 직주근접 경쟁력이 가장 뛰어나다는 것을 새삼 느낄 수 있다. 그 외로는 2023년 기준으로 서남권에서는 2개 역(가산디지털단지, 여의도), 도심권에서는 3개 역(서울역, 시청, 을지로입구)이 있으며 아쉽게도 동북권과 서북권은 없다.

그러나 이렇게만 보면 변화 추이를 확인하기 어려워 이번에는 2023년 출근시간대 하차 인원 상위 30개 역의 연도별 순위 추이를 찾아봤다. 2020~2021년 평균 순위 대비 2022~2023년 평균 순위가 두 계단 이상 올라간 역을 파란색, 두 계단 이상 내려간 역을 빨간색으로 표시했다.

우선 파란색으로 표시된 역을 순위가 오른 정도를 평균으로 계산해 나열해 보면 홍대입구, 용산, 합정, 디지털미디어시티, 서울역, 고속터미널, 종각, 성수이고, 빨간색으로 표시된 역을 순위가 내려간 정도를 평균으로 계산해 나열하면 구로디지털단지, 강남, 교대, 남부터미널, 충무로다.

자세히 보면 금방 알아챌 수 있다. 출근시간대 하차 인원 순위가 많이 올라간 역들은 대부분 한강 이북에 있고, 반대로 출근시간대 하차 인원 순위가 많이 내려간 역들은 대부분 한강 이남에 있다. 이 데이터를 집계한 지 5년이 넘어가고 있으나 이러한 변화는 처음이다. 2022년까지는 동남권의 절대 강세가 유지되는 가운데 서남권 역들의 순위가 계속 상승하고 있었는데 2023년 들어 한강 이북에 있는 역들의 순위가 상승한 것이다. 여전히 동남권, 서남권 역들의 순위가 높은 편이나 한강 이북, 특히 도심권과 서북권 역들의 순위가 올라간 것이 특징이다.

파란색으로 표시된 역들을 권역별로 나눠보면 도심권 3개 역(용산, 서울역, 종각), 서북권 3개 역(홍대입구, 합정, 디지털미디어시티), 동북권 1개 역(성수), 동남권 1개 역(고속터미널)이다. 서울역과 고속터미널역이 코로나19 종료에 따른 유동인구 증가 탓으로 출근시간대 하차 인원 순위가 올라갔다고 본다면 결국 순수하게 직주근접 순위가 올라간 것은 도심권 2개 역, 서북권 3개 역, 동북권 1개 역이라는 이야기다.

이 변화가 추세인지 확인하려면 2024년 출근시간대 하차 인원 순위도 비슷한 결과가 나와야 한다. 그러나 집필 시기가 2024년 연중이다 보니 확인할 수 없어 안타깝다. 다만 따로 2024년 1~6월 출근시간대 하차 인원을 확인해보니 2023년과는 크게 변동이 없는 가운데 광화문이 14위에서 12위로 올라갔다. 결국, 도심권의 직주근접 경쟁력 강화가 추세라는 사실이 확인된 셈이다. 이러한 점을 고려해 추천 단지를 선정했다.

참고로 책 마지막에 부록 지도를 넣었는데, 서울 출근시간대 하차 인원 1~30위 역을 지도 위에 표시해놓았으며 그 안에서도 출근시간대 하차 인원이 많은 역일수록 더 짙게 칠했다. 해당 역들에 접근성이 좋은 단지들을 주목해보자.

학군

다음은 가장 논란의 여지가 있을 것으로 보이는 학군이다. 우리나라의 미래에 관해 국내외 기관으로부터 가장 많은 지적을 받는 것이 바로 '출산율 급감'이다. 2023년 출산율 0.72로 사상 최저치를 계속 갱신하고 있는 우리나라는 전세계에서 가장 빠른 속도로 초고령화 사회에 진입하고 인구가 급감하는 중이다. 초등학교, 중학교, 고등학교, 대학교 순으로 입학 학생 수가 급감할 예정이기 때문에 자연스레 그동안 부동산 입지에서 중요한 항목을 차지해왔던 '학군'의 프리미엄이 점차 사라질 것이라는 주장이 힘을 받고 있다.

나도 이 의견에 반대하는 것은 아니다. '학군'의 수요자라고 할 수 있는 학생 수 자체가 급감을 거듭하기 때문에 학군지의 인기 역시 빠르게 식을 가능성이 있다. 그러나 나는 여기서도 '저수지 이론'을 인용한다. 학령인구 감소에 따라 외곽이 먼저 무너지고 핵심지는 오히려 더 강해지는 논리다. 이미 그러한 현상이 부분적으로 일어나고 있다.

서울에서도 초중고 폐교가 잇따르고 있으나 강남구와 서초구의 공립초등학교 53곳 중 13곳은 과밀 상태다. 실제 교육통계서비스에 따르면 2014년부터 2024년까지 서울 전체 학생 수는 총 116만 3,945명에서 85만 5,309명으로 −27% 감소했으나 전체 학생 수 대비 강남3구 학생 수 비율은 17%에서 20%로 늘어났다. 전체 학생 수는 감소하고 있으나 비학군지에서 학군지로의 쏠림 현상은 일어나고 있다는 의미다. 결국, 아이들이 거의 사라지는 수준이 되지 않는 이상, 자녀를 좋은 학교로 보내고자 하는 부모의 마음은 변함이 없을 것이고 여건이 된다면 자녀를 좋은 학군지에서 키우고 싶을 것이다. 오래전부터 대치동의 몰락을 예견해온 사람들이 많으나 그런 사람들에게 나는 평일 밤, 주말 낮에 대치동 학원가를 한번 와볼 것을 권한다. 대치동과 같은 최상위 학군지가 무너질 정도면 다른 지역은 더 크게 무너질 가능성이 크다. 게다가 의대 지방인재전형으로 각 광역시의 학군지 역시 더 큰 인기를 누리게 될 것이다.

부동산 입지 측면에서 '학군'에 관한 결론을 내려본다면 결국 애매한 학군지는 그동안 누려왔던 프리미엄을 점차 잃게 될 것이나, 최상위 학군지는 그 위상을 상당히 오랜 기간 유지할 수 있을 것으로 본다.

주변 인프라(대형 백화점, 대형 병원)

다음은 주변 인프라다. 여기서 말하는 인프라란 대표적으로 대형 백화점과 대형 병원을 말한다. 백화점 명품 매출에서 2030 세대가 차지하는 비중은 신세계 50.5%, 롯데 45.4%, 현대 48.7%에 이른다. 사실상 절반 수준인데 이것도 2021년 기준이니 지금은 이보다 더 높아졌을 가능성이 크다. 1억 원 이상의 가격을 자랑하는 수입 차의 구매층도 40대 이하가 2019년 2,886명, 2020년 5,546명에서 2023년 1~9월 기준 1만 2,162명으로 늘어났다. 이는 부모의 부(富)가 대물림된 금수저의 증가뿐 아니라 유명 유튜버, 일타 강사, 웹툰 작가 등 소위 말하는 영앤리치(젊은 부자)의 증가로 일어난 현상이다. 이러한 추세가 일시적인 것은 아니기에 부동산 입지에서도 이들이 선호하는 입지, 즉 소비에 특화된 입지가 중장기적으로 유망해질 수밖에 없다.

대형 병원도 마찬가지다. 나는 지난 책에서도 고령화가 진행됨에 따라 대형 병원 주변의 주거지가 점차 인기를 끌 것이라고 말한 바 있는데, 이와 비슷한 경험을 최근에 한 적이 있다. 2023년에 일본에 장기간 출장을 갔을 때 우리와 다른 분위기가 있었다. 그것이 무엇인가 하면 바로 '구급차 사이렌 소리'였다. 평소 우리가 듣던 것보다 훨씬 많은 빈도로 구급차 사이렌 소리가 들렸다.

고령화 사회가 먼저 닥친 일본의 자화상이었다. 고령자가 많으니 아픈 사람도 많아지고 자연스레 긴급 환자도 많아진 셈이다.

그뿐이 아니다. 회사 동료 부모님의 생사가 엇갈린 적이 있다. 한 동료의 모친은 가슴 통증이 너무 커서 집 바로 앞에 있는 대형 병원에 갔는데 심근경색이 심해서 조금만 늦게 왔어도 위험했다면서 긴급 수술을 진행해 목숨을 건졌다. 하지만 다른 동료의 부친은 뇌졸중으로 쓰러졌는데 해당 도시(인구 30만 명 내외의 중소도시)에서는 수술을 진행할 수 있는 병원이 없어 구급차를 통해 긴급히 대도시 병원으로 이송되다가 사망했다. 대형 병원과의 거리가 두 사람의 생사를 가른 것이다. 유례없는 속도로 빠르게 고령화 사회에 진입하고 있는 우리나라의 상황을 고려하면 이러한 사례는 더욱 비일비재해질 것이고 따라서 대형 병원 주변 주거지의 인기는 갈수록 올라갈 것이다.

신축 대단지

단지 규모와 연식도 중요한 요소다. 단지 규모가 크면 아무래도 주변 인프라도 따라올 수밖에 없다. 학교뿐 아니라 학원, 교통, 편의시설 등 주변 인프라도 충실해진다. 단지 밖뿐 아니라 단지 안 커뮤니티도 마찬가지다. 세대수가 많아지면 그만큼 커뮤니티도 커지기 마련인데 그도 그럴 것이 500가구 이상 아파트는 법령상 '주민공동시설'이라고 부르는 커뮤니티 공간을 설치해야 한다. 아파트 단지에서 조중식 서비스를 운영하는 식당과 피트니스센터는 더는 놀라운 축에 속하지 못한다. 최근의 신축 커뮤니티는 조·중·석식을 모두 제공하는 식당, 대형 레인을 갖춘 수영장, 단지 주민들을 위한 영화관과 캠핑장 및 체육관까지 그야말로 다채롭기 그지없다. 그 외에 단지가 크면 규모의 경제로 공용 관리비도 절감될 뿐 아니라 작은 단지보다 관심이 집중돼 환금성도 좋다. 신축 대단지가 인기를 끌 수밖에 없는 요소들이다. "신축이 입지다"라는 말이 나오는 이유이기도 하다.

그러나 신축이 기존의 입지 요소들을 뛰어넘을 만큼 절대적 가치가 있냐고 묻는다면 "그렇다"라고 쉽사리 대답할 수 없는 부분이 있다. 몇 가지 사례를 들어보자.

38페이지에서 소개한 바 있는 파크리오와 헬리오시티의 가격 추이 그래프를 다시 한번 보자. 2018년 말부터 2019년 4월까지 입주를 진행한 헬리오시티는 신축의 힘을 앞세워 2020년 전체와 2022년 하반기에 파크리오와 동등 수준까지 따라잡았으나 결국 추월하지 못하고 있다. 헬리오시티보다 10년 더 오래된 연식에도 불구하고 파크리오가 추월을 허락하지 않은 것은 역시 입지의 힘으로 볼 수밖에 없다. 당초 헬리오시티가 입주하면 매매가가 파크리오는 물론이고 엘스와 리센츠를 위협하는 수준까지 오를 거라는 의견도 있었는데 이것이 현실이 되지 못한 데에는 2017년 롯데월드타워가 개장하고 2018년 9호선이 연장 개통되면서 잠실동과 신천동의 입지가 더욱 강화된 영향을 무시할 수 없다.

물론 생활 퀄리티 측면에서 신축 단지의 매력을 무시할 수는 없다. 분명히 신축 대단지도 입지에서 굉장한 플러스 요소다. 깨끗한 집, 잘 정돈된 조경과 충실한 커뮤니티는 해당 단지에서의 삶의 가치를 높여준다. "신축에 살면 구축으로 가기 어렵다"라는 말이 나오는 것도 이러한 이유에서다. 따라서 나도 신축 대단지의 가치를 높게 평가한다. 다만 직주근접, 학군에 비하면 그 중요성은 다소 떨어진다는 점을 이야기하고 싶었고, 추천 단지를 보는 독자들도

이 부분을 고려했으면 한다.

앞에서 보듯 나의 부동산 입지 우선순위는 직주근접, 학군, 대형 백화점 또는 대형 병원, 신축 대단지 순이다. 그리고 이에 해당하는 단지들을 지역별로 소개하고자 한다. 물론 이미 가치가 높게 형성된 단지들이 나올 수밖에 없으나 앞으로 양극화는 더욱 심해질 수밖에 없기 때문에 향후 가치가 더 높아지고 다른 단지와 차이 역시 더 벌어질 곳이라는 측면에서 접근해주기 바란다.

2부

어디를

사업 할기가?

7장 입지 개선으로 많이 오를 곳

8장부터 소개하는 단지들은 앞서 언급한 항목에서 각각 가장 높은 단계에 있는 곳으로, 인구 감소 시대를 맞이해 쏠림 현상이 가속화될 상황을 감안할 때 우리의 목표가 돼야 할 곳이다. 그러다 보니 대체로 매매가가 비싸다. 즉, 곧바로 매수하기에는 어려움이 있는 곳들이 대부분이다.

따라서 해당 단지들로 가기 위한 징검다리와 같은 개념으로 조금 더 가격대가 낮은 추천 단지들을 소개하고자 한다. 다만 아무 단지나 소개할 수는 없는 노릇이다. 향후 부동산이 상승한다는 추정하에 상대적으로 저렴한 단지를 샀다고 해도 우리의 목표인 단지들과 가격 차이가 점차 벌어진다면 여전히 상급지로의 이동은 어려울 수밖에 없다. 그렇기 때문에 가격대가 다소 낮더라도 향후 호재가 명확한 단지들을 사야 한다.

가장 대표적인 호재가 '교통망 개선'이다. 조금 더 구체적으로 말하자면 새로 역세권이 되는 단지들을 눈여겨볼 필요가 있다. 비역세권에서 역세권이 되면 그동안 없다가 생기는 기저 효과가 발생하는 데다가 매매뿐 아니라 임대 수요까지 창출된다. 이미 일정 부분 매매가에 그 기대감이 반영돼 있다고 할 수 있으나 개통 전까지는 해당 호재가 온전히 반영됐다고 볼 수 없다. 다만 아무 철도망이나 새로 개통되는 곳을 추천할 수는 없기에, 향후 5년 내 개통이 유력한 철도망, 일자리가 많은 곳으로 연결되는 철도망으로 그 범위를 한정했다. 바로 GTX-A와 GTX-C, 9호선 연장선과 신안산선, 월곶판교선이다.

GTX-A는 부분 개통됐으나 화룡점정이라 할 수 있는 삼성역 개통은 2028년 예정이다. GTX-C는 당초 2028년 개통이 유력했으나 착공이 늦어지면서 2029년 개통 예정이다. 그러나 개통될 경우 대규모 자본이 투입돼 개발 작업이 진행되는 삼성역, 광운대역, 청량리역, 창동역이 GTX-C 노선에 포함돼 있어 큰 파급 효과가 기대된다. 9호선도 강남과 여의도를 관통하는 핵심 노선이고 신안산선도 여의도로 연결되는 노선이기 때문에 해당 역세권 단지들은 개통 이후 수혜를 볼 수밖에 없다. 월곶판교선도 날로 확장하는 판교테크노밸리에 대한 접근성을 개선해주기 때문에 기대되는 노선이다.

해당 노선의 개통으로 새로 역세권 단지가 되는 곳들 중에서 입주한 지 10년 미만된 신축 또는 용적률이 180% 이하여서 향후 재건축이 기대되는 단지를 추렸다. 단, 단지 규모는 500세대 이상으로 한정했다. 해당 단지들은 철도망 개통이 가까워질수록 상급지에 뒤처지지 않는 상승률을 기록하면서 향후 상급지로 이동하기 위한 발판을 마련해줄 것이다. 참고로 단지별 매매·전세 시세는 2024년 11월 1일 KB부동산 기준이다.

GTX-A

본격적인 소개에 앞서 참고로 GTX-A가 개통되는 역세권 단지 중에는 동탄역 롯데캐슬이 있으나 전용면적 84㎡ 기준 15억 원을 넘는 수준이어서 상급지로 향하는 징검다리 단지에 적합하지 않아 7장에서 제외했다.

132페이지 지도에서 보면 왼쪽 상단에 회색 사각형으로 표시된 곳이 운정역 역사 위치다. 지도에서 볼 수 있듯이 운정신도시 아이파크는 GTX-A 운정역과 가장 가까운 단지다. 개통되면 서울역까지 18분 내로 갈 수 있으니 큰 호재라 할 만하다. 초등학교(동패초)와 고등학교(동패고)가 단지 바로 앞에 있으나, 중학교(동패중)는 동에 따라서 다소 거리가 있다. 운정역 GTX-A는 2024년 12월 개통 예정이나 GTX-A의 핵심인 삼성역 개통은 2028년으로 예정돼 있어 그 시기가 다가올수록 개통의 수혜를 누릴 것으로 보인다.

그러나 운정역 주변으로 2026년부터 2027년에 걸쳐 신축 단지들이 연이어 입주할 예정인 점은 전세가 측면에서 하방 압력을 줄 요소라서 부담스럽다. 갭투자를 염두에 둔다면 이 부분을 고려해야 한다. 건폐율이 13%에 불과해 동간 거리가 넓직한 데다 단지 옆에 있는 운정건강공원 안에 축구장, 테니스장, 인공암벽장, 잔디광장 등이 마련돼 있어 운정신도시 아이파크 주민들에게 쾌적함을 선사한다.

킨텍스 원시티는 비역세권 단지임에도 일산에서 가장 높은 시세를 자랑한다. 입지의 핵심 요소인 역세권이 아님에도 대장 아파트인 이유는 물론 킨텍스 원시티가 신축인 데다 단지 인근에 킨텍스, 현대백화점, 홈플러스, 일산호수공원 등이 있어서다. 그런 상황에서 GTX-A 개통은 킨텍스 원시티의 마지막 약점까지 사라지게 한다. 133페이지 지도에서 볼 수 있듯이 비역세권 단지

한울마을1단지 운정신도시 아이파크

세대수	입주연월	매매 시세(만 원)	전세 시세(만 원)	용적률
3,040	2020년 7월	75,000	37,000	185%

• 전용 84.91㎡(A) 기준

에서 단숨에 초역세권 단지로 거듭난다(단지 바로 앞의 회색 사각형이 GTX-A 역사 예정지다). 기존에도 훌륭한 입지였기 때문에 GTX-A 개통은 일산 대장 아파트로서의 킨텍스 원시티 위상을 더욱 굳건히 만들 요소다. 주상복합치고는 낮은 용적률(359%), 인근에 백화점과 대형 마트도 있으나 단지 내 스트리트형 상가가 있다는 점, 일산 신도시가 본격적으로 재건축이 진행되기 전까지는 주변에 신축이 들어서지 않는 점도 장점이다.

초등학교(한류초)가 초등학생이 걸어가기에는 다소 먼 거리인 점은 아쉽다.

킨텍스 원시티

세대수	입주연월	매매 시세(만 원)	전세 시세(만 원)	용적률
2,038	2019년 8월	122,500	57,500	359%

• M2블럭 전용 84.44㎡(C) 기준

그리고 창릉 신도시 진척 상황을 눈여겨봐야 한다. 창릉 신도시가 입주를 시작하면 거리적으로 가까운 일산이 타격을 받을 가능성이 크기 때문이다.

e편한세상 구성역플랫폼시티는 용인시 도시개발 사업인 플랫폼시티 타이틀을 가장 먼저 걸고 완공된 신축 단지다. 현재도 구성역(수인분당선) 역세권 단지이나 GTX-A가 새롭게 개통되면서 더블 역세권이 되는 곳이다. 단지가 2개 초등학교(마성초, 구성초)로 둘러쌓인 점도 장점이다. 주변 인프라와 상권이

e편한세상 구성역플랫폼시티

세대수	입주연월	매매 시세(만 원)	전세 시세(만 원)	용적률
999	2024년 4월	–	–	247%

• KB부동산 시세 미기재　• 전용 84㎡ 기준 2024년 3분기 평균 실거래가 : 매매 10억 9,942만 원, 전세 5억 3,914만 원

약한 것이 다소 아쉬운 부분이나, 2028년 GTX-A 삼성역이 개통되고 경기도
와 용인시 주도로 진행되는 도시개발사업인 용인 플랫폼시티가 순조롭게 조
성될 경우 약한 인프라와 상권도 점차 보강될 것이다. 참고로 용인 플랫폼시티
는 GTX-A 구성역 개통에 따라 복합환승센터, 지식기반첨단산업, R&D 등 다
양한 기능을 도입해 자족형 복합도시를 조성하려는 개발 계획으로 2025년

상반기 착공, 2030년 내 완성을 계획하고 있는 사업이다.

GTX-C

GTX-C가 개통되는 역세권 단지 중에는 정부과천청사역의 과천 위버필드, 청량리역의 롯데캐슬SKY-L65, 왕십리역의 라체르보 푸르지오써밋이 있으나 모두 전용면적 84m² 기준 15억 원을 넘는 수준이어서 상급지로 향하는 징검다리 단지에 적합하지 않아 7장에서 제외했다.

창동 주공3단지와 19단지는 현재도 창동역(1·4호선) 더블 역세권이다. 그러나 GTX-C가 개통될 경우 트리플 역세권 단지로 거듭난다. 역세권이다 보니 상권도 충실하고 단지가 커서 각각 초등학교와 중학교를 단지 안에 품다시피 하고 있다. 이러한 점이 전세 시세가 비슷한 이유지만 매매 시세가 조금 차이가 나는 것은 두 단지의 용적률이 약간 다르고(175% vs. 164%), 3단지가 19단지보다 소형 평형 비중이 높아서 평균 대지지분도 차이가 나기 때문이다(13.2평 vs. 16.5평). 게다가 창동 주공3단지는 재건축을 반대하는 주민들로 지척이 지지부진한 반면, 19단지는 2023년 9월 정밀안전진단을 통과했다.

로봇과학박물관 및 서울사진미술관이 2024년 12월 개관하며 민자역사인 아레나 스퀘어 및 서울 아레나(K-POP 전문공연장) 등이 속속 들어설 예정으로 인프라가 더욱 좋아질 것이다. 창동 주공3단지 바로 앞에 우리나라 최초의 이마트가 있다는 점도 생활 편의성 측면에서 큰 장점이다.

미성미륭삼호3차는 성산시영과 더불어 한강 이북에서 가장 큰 재건축 단지로도 알려져 있다. 용적률(131%)에서도 알 수 있듯이 이제 몇 남지 않은 소

창동 주공3·19단지

	세대수	입주연월	매매 시세(만 원)	전세 시세(만 원)	용적률
① 창동 주공3단지	2,856	1990년 9월	76,000	36,500	175%
② 창동 주공19단지	1,764	1988년 11월	84,000	35,500	164%

• 창동 주공3단지 전용 84.41㎡, 창동 주공19단지 전용 84.90㎡ 기준

형 저층 단지다. 소형 평형 위주로 이뤄져 있음에도 저층 단지다 보니 평균 대지지분이 15평에 이르러 사업성이 좋다. 재건축이 완성되면 5,000세대 이상의 랜드마크 대단지가 될 곳이다. GTX-C 개통 호재 이외에도 재건축 사업성

미성미륭삼호3차

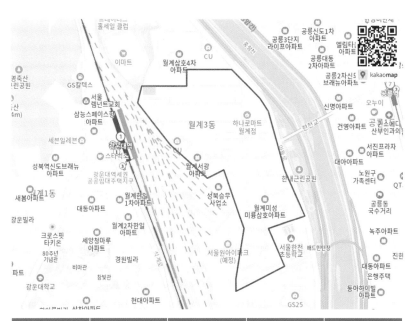

세대수	입주연월	매매 시세(만 원)	전세 시세(만 원)	용적률
3,930	1986년 6월	76,500	25,333	131%

• 전용 59.22㎡ 기준

이라는 장점이 있는 단지인 셈이다. 2023년 6월 정밀안전진단을 통과하고 정
비계획 수립을 위해 분주하게 움직이고 있다.

또 하나 미성미륭삼호3차의 큰 호재는 광운대 역세권 개발이다. HDC현대
산업개발이 '서울원'이라는 브랜드로 사업비 약 4조 5,000억 원을 투입해 15
만㎡ 부지에 주거 시설, 스트리트몰, 대규모 오피스와 호텔 및 상업시설 등

힐스테이트 금정역

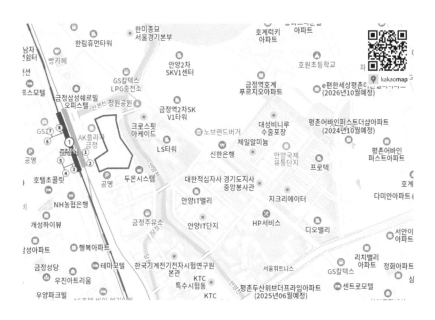

세대수	입주연월	매매 시세(만 원)	전세 시세(만 원)	용적률
843	2022년 3월	110,000	61,000	569%

• 전용 84.92㎡(B) 기준

미래형 융합 타운을 구축할 계획이다. 미성미륭삼호3차 바로 앞에 이러한 대규모 개발 계획이 진행될 예정이다. 물류 시설이 대규모로 개발되니 미성미륭삼호3차 입장에서는 커다란 호재가 아닐 수 없다. GTX-C 개통 시 광운대역에서 삼성역까지 10분 내 도착할 수 있어 직주근접 경쟁력의 비약적인 향상도 기대된다.

힐스테이트 금정역은 금정역(1·4호선) 역세권 단지로 현재도 더블 초역세권

본오주공, 월드

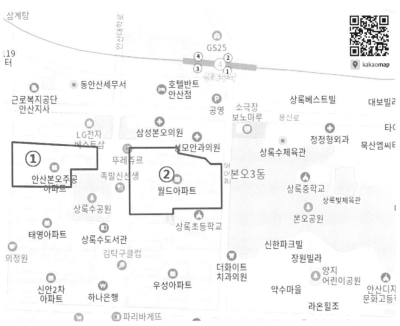

	세대수	입주연월	매매 시세(만 원)	전세 시세(만 원)	용적률
① 본오주공	519	1996년 8월	36,000	20,000	133%
② 월드	1,070	1988년 12월	43,000	16,750	120%

• 본오주공 전용 59.15㎡, 월드 전용 53.55㎡ 기준

단지이나 GTX-C 개통 시 트리플 초역세권 단지로 거듭난다. 금정역 출구와 단지 입구가 바로 이어져 있고 단지 내에 아파트 완공과 함께 오픈한 AK플라자가 있어 생활 편의성이 대단히 좋다. 안양IT밸리가 단지 배후에 있어 직주근접 수요도 풍부한 상황에서 GTX-C가 개통되면 삼성역까지 네 정거장이

세대수	입주연월	매매 시세(만 원)	전세 시세(만 원)	용적률
981	2023년 10월	–	–	195%

• KB부동산 시세 미기재 • 전용 55㎡ 기준 2024년 3분기 평균 실거래가 : 매매 無, 전세 1억 4,500만 원

면 갈 수 있어 강남 접근성과 직주근접 경쟁력의 비약적인 향상이 기대된다. 교통과 상권이 편리한 반면, 각급 학교가 먼 곳에 있어서 학령기 자녀가 있는 가정의 수요를 흡인하기에는 어려움이 있다.

본오주공과 월드는 상록수역(4호선) 역세권 단지에서 GTX-C 개통으로 더블 역세권으로 거듭날 단지이며, 상록수역 역세권 단지 중에 가장 용적률이 낮은 곳이다. 월드가 본오주공보다 조금 더 상록수역에 가까운 데다 재건축 절차도 조합을 설립했고 정밀안전진단도 통과해 본오주공보다 매매 시세가 높다. 초등학교(상록초)를 품에 안고 있으며 길 하나 건너면 본오공원도 있어 살기 좋다. 기본적으로 상록수역 앞 상권이 많이 발달해 있어서 본오주공도 인프라가 좋은 편이다. 메인 상권에 학원이 많지 않은 점은 아쉽다.

엘리프 의왕역은 의왕역(1호선) 역세권 단지로 앞서 소개한 역들과 마찬가지로 GTX-C 개통 시 더블 역세권 신축 단지가 된다. 지도에 드러나지는 않지만 남쪽으로 왕송호수가 있어 호수뷰가 가능한 동들이 여럿 있다. 인근에 현대자동차 중앙연구소, 한국교통대 의왕캠퍼스, 한국철도공사 인재개발원 등이 있는데 GTX-C로 삼성역까지 30분 내에 이동이 가능해져서 GTX-C 역세권 단지 중에 몇 안 되는 신축인 엘리프 의왕역은 직주근접 경쟁력이 높아질 것이다. 단지 인근에 초등학교(부곡중앙초), 중학교(부곡중앙중), 고등학교(군포중앙고)가 있어 학령기 자녀를 둔 가정에 굉장히 매력적이다.

9호선 연장

9호선이 연장 개통되는 역세권 단지 중에는 고덕역의 고덕 그라시움이 있으나 전용면적 84m² 기준 15억 원을 넘는 수준이어서 상급지로 향하는 징검다리 단지에 적합하지 않아 7장에서 제외했다.

강동헤리티지자이는 길동 신동아 1차, 2차 아파트를 재건축한 단지다. 비

강동헤리티지자이

세대수	입주연월	매매 시세(만 원)	전세 시세(만 원)	용적률
1,299	2024년 6월	–	–	290%

• KB부동산 시세 미기재   • 전용 84㎡ 기준 2024년 3분기 평균 실거래가 : 매매 無, 전세 7억 800만 원

역세권 단지이나 지도에서 보듯이 단지 동남쪽에 길동생태공원역(9호선, 회색 사각형)이 생기면서 역세권으로 거듭난다. 역세권에서 더블 역세권이 되는 것보다 비역세권에서 역세권이 되는 것이 큰 시세 상승을 기대해볼 수 있다. 게다가 핵심 노선 중 하나인 9호선 역세권 신축 단지다. 길만 건너면 초등학교(신명초)와 중학교(신명중)가 있는 데다 단지 인근에 광활한 규모의 길동공원과 길동

신동아, 한양

	세대수	입주연월	매매 시세(만 원)	전세 시세(만 원)	용적률
① 신동아	570	1986년 2월	126,000	51,500	179%
② 한양	540	1986년 5월	134,000	51,000	175%

• 신동아 전용 81.07㎡, 한양 전용 84.92㎡ 기준

생태공원, 일자산 허브천문공원이 있어 쾌적한 환경도 자랑한다. 주변 상권이
충실한 편은 아니어서 더더욱 9호선 개통이 기다려진다.

신동아는 고덕역(9호선), 한양은 한영외고역(9호선)의 9호선 연장 개통으로 역세권이 된다. 신동아는 고덕역(5호선) 초역세권 단지이기도 하다. 5호선도 좋은 노선이나, 서울 3대 도심 중 두 곳인 강남과 여의도로 연결되는 9호선 개통은 남다른 의미를 지닌다. 특히 고덕역(9호선)은 급행 열차 정차역으로 지정돼 강남과 여의도로 더 빠른 이동이 가능하다. 길 하나 건너면 신동아는 배재중·배재고, 한양은 한영중·한영고·한영외고에 접해 있고 고덕 학원가도 단지 바로 앞에 있어 학령기 자녀를 둔 가정의 수요가 많다. 재건축 진행 상황도 신동아와 한양 모두 정밀안전진단을 통과했다. 강동 경희대병원이 단지 바로 앞에 위치한 점도 한양의 장점이다.

신안산선

신안산선이 개통되는 역세권 단지 중에 여의도역은 광장, 미성, 여의도자이가 있으나 모두 전용면적 84m^2 기준 15억 원을 넘는 수준이어서 상급지로 향하는 징검다리 단지에 적합하지 않아 7장에서 제외했다.

신안산선이 개통되면 신길 우성1차는 도림사거리역, 신길 센트럴아이파크는 도림사거리·신풍역, 신길 센트럴자이는 신풍역 역세권 단지가 된다. 지도에서 역사 위치는 회색 사각형으로 상단이 도림사거리역, 하단이 신풍역이다.

신길 우성1차는 인근에 위치한 건영(386세대)과 함께 통합 재건축으로 규모의 경제를 이루려 하나 개별 추진 준비위원회 두 곳과 통합 재건축 추진 준비위원회가 공존하고 있어 내부적으로 의견 조율이 필요해 보인다. 신길 우성1차로만 본다면 비역세권 단지에서 신안산선 초역세권 단지로 거듭나면서 여의

신길 우성1차, 신길 센트럴아이파크, 신길 센트럴자이

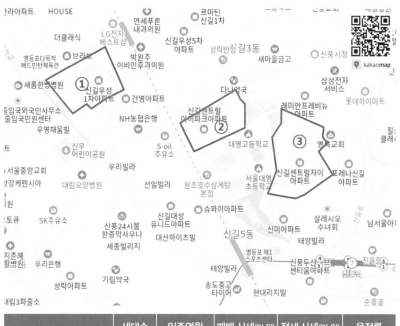

	세대수	입주연월	매매 시세(만 원)	전세 시세(만 원)	용적률
① 신길 우성1차	688	1986년 9월	100,000	40,500	176%
② 신길 센트럴아이파크	612	2019년 2월	129,000	69,000	255%
③ 신길 센트럴자이	1,008	2021년 4월	148,000	79,000	266%

• 신길 우성1차 전용 83.64㎡, 신길 센트럴아이파크 전용 84.98㎡(B), 신길 센트럴자이 전용 84.98㎡(A) 기준

도 접근성이 획기적으로 개선되기 때문에 개통 시 큰 수혜가 예상된다.

신길 센트럴아이파크는 신안산선 도림사거리역과 신풍역 사이에 들어설 단지로 동에 따라 가까운 역이 다르다. 그리고 현재는 신풍역(7호선) 역세권에

e편한세상 영등포아델포레

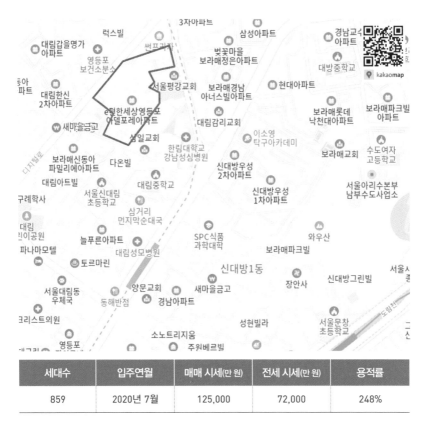

세대수	입주연월	매매 시세(만 원)	전세 시세(만 원)	용적률
859	2020년 7월	125,000	72,000	248%

• 전용 84.95㎡(A) 기준

해당되는 래미안 에스티움이 신길뉴타운의 대장 아파트로 자리매김하고 있
으나 신안산선 개통 시 신풍역(신안산선)에 보다 가까운 신길 센트럴자이가 새
로운 대장 아파트가 될 가능성이 높다. 현재도 신풍역(7호선)에서 세 정거장이
면 출근시간대 하차인원 1위인 가산디지털단지역에 갈 수 있으나 신풍역(신

안산선)이 개통되면 세 정거장 만에 여의도역에 도착할 수 있어 직주근접 경쟁력이 배가된다. 신길 센트럴아이파크와 신길 센트럴자이는 초등학교(대영초), 중학교(대영중), 고등학교(대영고)를 사실상 함께 품에 안고 있는 단지로 학령기 자녀들이 있는 가정의 수요도 기대할 수 있다.

e편한세상 영등포아델포레는 e편한세상 보라매2차를 재건축한 곳인데 역세권 단지라고 하기에는 애매한 위치다. 굳이 말하자면 신풍역(7호선) 준역세권 단지라고 할 수 있다. 그런데 신안산선이 개통되면 대림삼거리역 역세권 단지가 된다. 신안산선을 타면 한 정거장 만에 구로디지털단지역, 네 정거장 만에 여의도역에 도착할 수 있어 직주근접 경쟁력이 크게 향상된다. 단지 바로 앞에 초등학교(신대림초)와 중학교(대림중), 대형 병원(한림대 강남성심병원)이 있다는 점도 장점이다. 주변 정비가 덜 돼 있고 학원가가 조성되지 않은 점은 단점이다.

힐스테이트 뉴포레는 독특한 이력이 있는 곳이다. 1995년에 조합을 설립한 강남 아파트는 시공사만 네 번이나 교체되는 등 재건축 사업 추진이 좌초될 위기에 처했다. 그러나 SH공사가 시행 주체가 돼 용적률을 높이는 대신 임대주택을 공급하는 방식으로 사업을 진행해 2022년 9월 힐스테이트 뉴포레라는 이름으로 신축 단지가 됐다. 9호선과 더불어 서울의 핵심 지하철 노선이라고 할 수 있는 2호선 역세권 단지인 데다 출근시간대 하차인원 순위가 높은 구로디지털단지역 역세권 단지이기도 하다. 그런데 신안산선 초역세권 단지가 되면서 여의도역까지 접근성도 좋아진다. 다만 직주근접 경쟁력은 매우 좋으나 중고등학교까지의 거리가 멀고 학원가가 없는 점은 단점으로 꼽힌다.

광명역은 현재도 1호선 및 KTX가 다니는 교통의 요충지인데 신안산선과 월곶판교선까지 개통될 경우 일자리가 풍부한 여의도와 판교로의 접근성이

힐스테이트 뉴포레

세대수	입주연월	매매 시세(만 원)	전세 시세(만 원)	용적률
1,143	2020년 8월	110,000	64,000	405%

• 전용 59.99㎡ 기준

강화되기 때문에 미래 호재가 풍부한 대표적인 곳 중 하나다. 광명역 주변에
는 5개의 신축 아파트 단지가 있는데, 그중에서 가장 매매가가 높은 곳이 광명

광명역 U플래닛데시앙

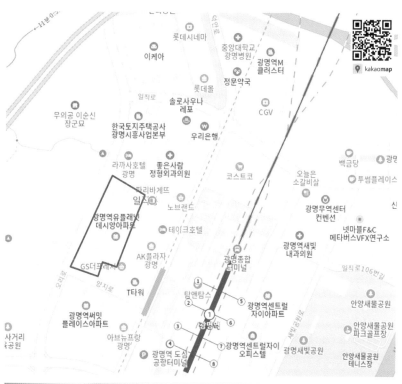

세대수	입주연월	매매 시세(만 원)	전세 시세(만 원)	용적률
1,500	2019년 12월	130,000	65,000	482%

• 전용 84.87㎡(B) 기준

역 U플래닛데시앙이다. 광명역(1호선, KTX)까지의 거리가 5개 단지 모두 비슷한데 광명역 U플래닛데시앙이 가장 고가인 이유는 바로 주변 인프라에 있다. 우선 단지 바로 앞에 AK플라자 광명점이 있고 코스트코, 이케아, 롯데몰, 중

호반베르디움더프라임

세대수	입주연월	매매 시세(만 원)	전세 시세(만 원)	용적률
580	2017년 2월	74,000	40,000	184%

• 전용 84.67㎡ 기준

앙대병원까지 모두 도보로 쉽게 갈 수 있다. 정주 여건이 매우 좋은 진정한 슬세권 단지다. 참고로 슬세권이란 슬리퍼와 같은 편한 복장으로 각종 여가·편의 시설을 이용할 수 있는 주거 권역을 뜻한다.

그런데 지도에서 보듯이 단지 바로 앞에 신안산선 광명역 역사(지도의 회색 사각형)까지 생긴다. 광명역 대장 아파트의 위상을 더욱 공고히 할 예정인 것이다. 현재도 1호선으로 서울 출근시간대 하차인원 1위인 가산디지털단지역까지 세 정거장만에 갈 수 있고 신안산선과 월곶판교선이 개통되면 여의도역까지 아홉 정거장, 판교역까지 일곱 정거장 만에 갈 수 있어 시간이 지나면 직주근접 경쟁력이 더욱 향상될 것이다.

목감지구는 비역세권을 떠나 주변에 철도망 자체가 없다. 그런 상황에서 목감역(신안산선)의 개통은 해당 지역에 큰 호재가 아닐 수 없다. 그리고 이 지역의 대장 아파트인 호반베르디움더프라임이 가장 큰 수혜를 입을 것이다.

현재는 중앙역(4호선) 역세권 단지인 힐스테이트 중앙과 안산센트럴푸르지오의 동일 평형보다 1억 원가량 시세가 낮으나 신안산선이 개통되면 여의도 접근성은 목감역이 중앙역을 앞서기에 차이를 빠르게 좁힐 것이다. 단지 주변을 공원들이 에워싸고 있고 그 안에 목감도서관도 있어 입주민들에게 쾌적함을 선사한다. 목감역 예정지 주변 상권도 훌륭하다. 초등학교(조남초)까지의 거리가 먼 점은 아쉽다.

월피공원 주변에는 수많은 아파트 단지가 밀집해 있으나 주변에 지하철 노선이 없다. 이러한 부분이 가격에도 반영돼 있다. 그러나 성포역(신안산선)이 아파트 단지 사이에 있는 월피 공원에 생기는 날에는 이야기가 달라진다. 일단 역이 없던 곳에 역이 생기는 기저 효과가 첫 번째, 그리고 낮은 용적률에서 볼 수 있듯이 입지 개선에 따른 재건축 가능성이 두 번째다.

5개 단지 중에 월피주공3단지가 조금 더 비싼 것은 용적률이 가장 낮기 때문이다. 재건축 절차를 아직 밟지 않았고 소형 평형 위주로 구성돼 있으나 일단 용적률이 낮은 점을 활용해 재건축을 진행한다면 가능성이 없는 것은 아니다. 그리고 안산시가 노후계획정비 특별법 적용 대상에 포함되면서 정밀안전진단 면제·완화, 용적률 상향, 도시·건축 규제 완화 등을 적용받을 수 있다. 각

월피주공1·3단지, 안산현대1·2차, 성포주공11단지

	세대수	입주연월	매매 시세(만 원)	전세 시세(만 원)	용적률
① 월피주공1단지	860	1993년 5월	29,500	14,000	129%
② 월피주공3단지	660	1995년 11월	46,000	14,000	89%
③ 안산현대1차	570	1989년 3월	26,000	12,500	124%
④ 안산현대2차	770	1989년 7월	32,000	18,000	170%
⑤ 성포주공11단지	1,975	1994년 11월	34,000	17,500	150%

• 월피주공1단지 전용 49.94㎡, 월피주공3단지 전용 59.15㎡, 안산현대1차 전용 40.76㎡, 안산현대2차 전용 68.94㎡, 성포주공11단지 전용 58.14㎡ 기준

	세대수	입주연월	매매 시세(만 원)	전세 시세(만 원)	용적률
① 힐스테이트 중앙	1,152	2018년 11월	84,500	47,500	266%
② 안산 센트럴푸르지오	990	2019년 4월	84,000	47,500	255%

· 힐스테이트 중앙 전용 84.97㎡, 안산 센트럴푸르지오 전용 84.95㎡(B) 기준

단지의 재건축 추진 상황을 유심히 살펴보자.

힐스테이트 중앙과 안산 센트럴푸르지오는 표에 나와 있듯이 거의 동일한 매매 및 전세 시세를 기록하고 있다. 두 단지가 붙어 있는 데다 생활 편의성 및 호재도 공유하고 있기 때문이다. 굳이 미세한 차이점을 이야기하자면 안산시

안산 레이크타운푸르지오

세대수	입주연월	매매 시세(만 원)	전세 시세(만 원)	용적률
1,569	2016년 2월	91,000	52,500	319%

• 전용 84.67㎡(D) 기준

청 및 롯데백화점 안산점, 고려대 안산병원은 힐스테이트 중앙이 조금 더 가깝고, 중앙역(수인분당선, 4호선)은 안산 센트럴푸르지오가 조금 더 가깝다는 정도다. 그리고 새로 생길 중앙역(신안산선)도 안산 센트럴푸르지오가 가깝다. 신안산선 급행 열차 정차역으로 지정돼 여의도역까지 22분 만에 갈 수 있다는 점은 큰 장점이다. 다만 상권이 매우 발달돼 있지만 유흥가도 함께 있어 자녀가 있는 가정이라면 조금 신경이 쓰일 수 있다. 그러나 다행히(?) 초등학교(중앙초)와 중학교(중앙중)는 단지 뒤쪽에 있다. 안산 센트럴푸르지오 단지 동쪽에는 안산천이 흐르고 있어 산책하기 좋다.

비역세권인 안산 레이크타운푸르지오가 안산시의 대장 아파트로서 자리매김하고 있는 이유 역시 신안산선 영향을 배제하고 이야기할 수 없다. 지도에서 보듯 안산 레이크타운푸르지오는 호수역(신안산선) 초역세권 단지로 거듭날 예정이라 매매가에도 호재의 일부분이 반영돼 있다. 그뿐 아니라 단지 북쪽으로는 문화광장을 중심으로 단지부터 안산시청까지 약 1.5km 구간이 중심상권으로 형성돼 있으며, 서쪽으로는 별빛광장이 있는 데다가 남쪽에는 안산천이 흐르고 있다. 다리를 건너면 광활한 안산호수공원이 펼쳐진다. 인프라와 자연환경 모두가 안산의 대장 아파트인 이유를 설명하고 있는 셈이다. 이런 상황에서 유일한 약점이었던 비역세권 부분이 해소되고 심지어 초역세권 단지로 거듭나기 때문에 안산 최고의 입지를 더욱 굳히게 될 것이다.

월곶판교선

월곶판교선이 개통되는 역세권 단지 중에는 판교역의 푸르지오그랑블, 봇들마을7·8단지, 알파리움1·2단지가 있으나 모두 전용면적 84m² 기준 15억 원을 넘는 수준이어서 상급지로 향하는 징검다리 단지에 적합하지 않아 7장에서 제외했다.

시흥장현예다음아르테도 비역세권 단지에서 초역세권 단지로 거듭나는

시흥장현예다음아르테

세대수	입주연월	매매 시세(만 원)	전세 시세(만 원)	용적률
747	2022년 12월	66,500	38,500	179%

• 전용 84.38㎡(C) 기준

곳이다. 단지 바로 앞에 장곡역(월곶판교선)이 생기기 때문이다. 월곶판교선은
월곶역부터 판교역까지 열한 정거장을 잇는 노선인데 출발점에 해당되는 월
곶역이 수인분당선으로 인천 송도와 이어지기 때문에 월곶판교선이 개통되

두산위브더아티움

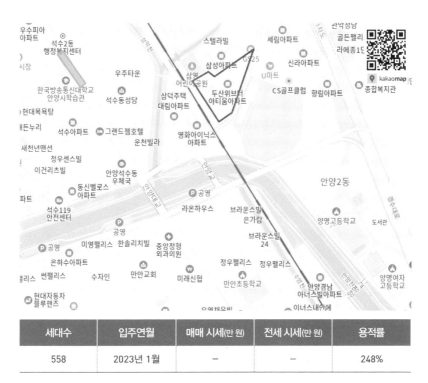

세대수	입주연월	매매 시세(만 원)	전세 시세(만 원)	용적률
558	2023년 1월	–	–	248%

• KB부동산 시세 미기재 • 전용 84㎡ 기준 2024년 3분기 평균 실거래가 : 매매 無 전세 4억 원

면 송도와 판교가 연결되는 효과가 있다. 지금까지는 직주근접 경쟁력이 약한 곳이었으나 송도와 판교 출퇴근이 가능한 지역으로 거듭나는 셈이다. 길 하나 건너면 초등학교(진말초)와 중학교(장곡중)가 있고 단지 옆의 수변공원 역시 삶의 질을 높이는 요소다.

두산위브더아티움은 원래 안양예술공원 두산위브라는 단지명이었으나 이후 예술을 뜻하는 라틴어 'Artium'을 붙여 두산위브더아티움으로 개명했다.

안양역 푸르지오더샵

세대수	입주연월	매매 시세(만 원)	전세 시세(만 원)	용적률
2,736	2024년 10월	–	–	–

• KB부동산 시세 미기재 • 전용 84㎡ 기준 2024년 3분기 평균 실거래가 : 매매 11억 2,733만 원, 전세 無

두산위브더아티움도 비역세권 단지에서 신안산선 개통으로 역세권 단지가 되는 곳이다. 만안역(신안산선)은 지도에서 회색 사각형 자리인 석수전화국 사거리에 세워질 예정으로 개통 시 판교역까지 20분 내외로 도착할 수 있다. 처음 단지명에 국내 최초 공공예술 테마파크인 안양예술공원을 넣을 정도로 접근성을 강조했지만 실제로는 700m 정도 떨어져 있다. 두산위브더아티움의 배정 초등학교인 호암초가 900m가량 떨어져 있어 아쉽다.

산운마을11단지 판교포레라움

세대수	입주연월	매매 시세(만 원)	전세 시세(만 원)	용적률
504	2009년 7월	110,000	55,000	164%

• 전용 59.84㎡(A) 기준

안양역 푸르지오더샵은 안양역(1호선) 역세권 신축 대단지이나 안양역(1호선)보다 더 가까운 벽산사거리에 안양역(월곶판교선)이 세워질 예정이다. 더블 역세권 신축 대단지가 되는 것이다. 무엇보다 월곶판교선 역세권 단지 중에 최신축이 될 단지이기에 그 희소성을 가볍게 볼 수 없다. 인근에 안양어반포 레자연&e편한세상(2,329세대)이 2025년 1월에 입주할 예정이나 안양역 푸르지오더샵이 안양역(월곶판교선)과 더 가깝기에 안양시 만안구 대장 아파트의 위상에 변함은 없을 것이다. 주변 환경으로는 안양천을 누릴 수 있고 또 다른 대단지인 래미안 안양메가트리아와 함께 상권을 공유할 수 있으나 1호선 지상철이 단지 옆을 지나가 소음 문제가 있을 수 있다.

서판교역(월곶판교선) 예정지 주변 단지들은 대부분 용적률이 150~170% 내외로 비슷한 수준이다. 그러나 500세대 이상인 곳은 산운마을11단지뿐이다. 세대수는 적어도 서판교역 예정지 주변의 초역세권 단지가 될 산운마을9단지와 10단가의 매매가가 더 비싸다. 산운마을 전체에 해당되는 일이긴 하나 지금까지는 인근의 용인서울고속도로 서판교IC로 바로 진입할 수 있어 자차 교통이 편리했는데 여기에 서판교역(월곶판교선)이 생기면 판교와 송도 모두 통근이 훨씬 용이해진다. 아직 한참 먼 미래의 일이긴 하나 산운마을11단지의 세대수와 용적률은 재건축이 가능한 조건이다. 단지 바로 앞에 운중천과 저류지 공원이 있어 쾌적하고 단지 반경 400m 안에 초등학교(산운초), 중학교(운중중), 고등학교(운중고)가 모두 있다.

8장부터는 추천 항목별 최우선 순위에 해당하는 단지들, 즉 상급지 위주로 구성된 단지들이다. 따라서 이 단지들을 소개하기에 앞서 조금 더 구체적으로 추천 항목들을 적어보려고 한다. 우선 직주근접이다. 지역마다 출근시간대(오전 6~10시) 하차 인원이 가장 많은 역 주변 500m 내에서 평당 가격이 가장 높은 단지를 추천 단지로 삼았다. 다만 출근시간대 하차 인원이 많은 역이라도 주변 500m 내에 아파트가 없다면 해당 역에 접근성이 가장 뛰어난 곳을 추천 단지로 선정했다. 그리고 500세대 이상 단지들을 대상으로 했다.

서울의 경우는 2023년 연간 하차 인원·부산·대구·광주는 2024년 1분기 하차 인원, 대전은 2024년 4월 하차 인원을 기준으로 산출했으나 경기도와 인천, 울산은 다른 기준을 적용했다. 경기도는 지하철이 모든 지역에 있는 것이 아니고, 인천은 인천 1·2·7호선이 시간대별 하차 인원을 제공하지 않고 있으며, 울산도 지하철이 없어서 출근시간대 하차 인원으로 직주근접을 판단하기 어렵다. 따라서 경기도, 인천, 울산의 경우는 시·구별 상용근로자 수 및 증가율을 고려해서 추천 단지를 선정했다. 여기서 말하는 상용근로자란 고용계약 기간이 1년 이상인 사람으로 4대 보험이 적용되는, 상대적으로 양질의 일자리에 근무하는 사람을 가리킨다. 결국, 상용근로자가 많거나 늘어나고 있는 지역은 해당 지역에 이미 양질의 일자리가 많거나 늘어나고 있는 지역이라는 의미가 되므로 이러한 지역에 있는 아파트를 경기도와 인천, 울산의 직주근접 추천 단지로 삼았다.

직주근접 개선 단지는 서울과 경기도에서만 골랐는데, 이는 서울의 경우 서울 지하철만 매년 시간대별 하차 인원을 공개하고 있어서 해가 거듭될수록 하차 인원이 늘어나고 있는 역을 선정했고, 경기도에서는 상용근로자 증가율이 높은 시를 선정했다.

두 번째는 학군이다. 2023년 기준으로 지역별 특목고·자사고 진학률 상위 중학교 주변 단지들을 추천했다. 과거에는 학군이라고 하면 소위 말하는 SKY 진학률이 높은 명문고 주변을 일컬었으나, 최근에는 특목고와 자사고의 진학률이 높은 중학교를 중시하는 트렌드를 반영해 진학률이 좋은 상위 중학교 주변 아파트를 추천 단지로 삼았다.

세 번째는 대형 백화점이다. 2023년 매출 기준으로 각각 서울·경기는 매출 상위 3개 백화점, 광역시는 전국 30위 안에 드는 매출을 기록한 백화점의 반경 500m 내 단지들을 추천 단지로 삼았다.

네 번째는 대형 병원이다. 서울·경기는 병상 규모 상위 3개 병원, 광역시는 500병상 이상 병원 주변 단지들을 추천 단지로 삼았다.

마지막으로 단지 규모와 연식이다. 입주한 지 10년 미만인 단지 중에 지역별로 세대 규모가 상위 3위 안에 드는 아파트를 추천했다.

다만 이런 기준으로 선정된 추천 단지 수가 120여 곳에 이를 만큼 방대해 부득이 단지별 지도와 설명까지 기재하는 곳은 서울, 경기, 대구, 인천에 국한 했다. 서울과 경기 외 지역에서 톱픽으로는 대구, 그다음은 인천을 꼽았기 때문이다. 나머지 지역의 추천 단지는 지도와 세부 설명을 함께 기재하지 못한 점에 관해 너그러운 양해를 구한다.

직주근접

역	단지
가산디지털단지	(철산역) 철산역 롯데캐슬앤SKVIEW클래스티지
서울역	서울역 센트럴자이
선릉	(강남역) 래미안리더스원
여의도	광장
역삼	(강남역) 래미안리더스원

서울의 출근시간대(오전 6~10시) 하차 인원이 가장 많은 역 톱5는 2023년 기준으로 가산디지털단지역, 서울역, 선릉역, 여의도역, 역삼역이다(강남역이 왜 톱5에 들지 못하는지 의문을 표하는 독자들도 많을 것으로 생각되는데, 신분당선을 운영하는 네오트랜스가 하차 인원을 공개하지 않아 아쉽게 이 부분이 빠졌다).

각 역 주변 500m 내 단지 중에 평당 가격이 가장 높은 단지(500세대 이상)들을 뽑았는데, 가산디지털단지역 500m 내에는 아파트가 없어 해당 역 접근성이 가장 뛰어난 단지인 철산역 롯데캐슬앤SKVIEW클래스티지를 선정했다(철산역 역세권 단지로 가산디지털단지역까지 한 정거장 거리). 선릉역과 역삼역 주변 500m 안에는 500세대 이상 단지가 없어 부득이 강남역 주변 500m 내 단지

철산역 롯데캐슬앤SKVIEW클래스티지

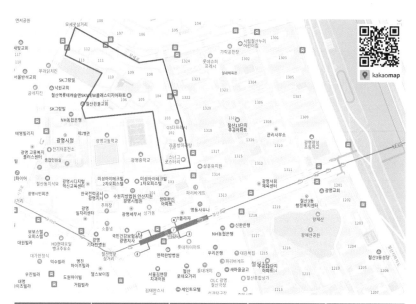

세대수	입주연월	매매 시세(만 원)	전세 시세(만 원)	용적률
1,313	2022년 3월	130,500	79,500	265%

• 전용 84.98㎡(A) 기준

에 해당하는 래미안리더스원을 선정했다(선릉역, 역삼역까지 각각 두 정거장, 한 정거장 거리).

철산역 롯데캐슬앤SKVIEW클래스티지는 철산 주공7단지를 재건축해 완공된 철산역(7호선) 역세권 신축 단지다. 초등학교(도덕초)보다 중고등학교(광명중, 광명고)가 더 가까운 독특한 장점(사실상 중·고품아라고 할 수 있는 수준)에다 광명시청, 한국전력 광명지사, 광명시법원 등이 단지 앞에 있어 관공서 수요까지

164

기대할 수 있는 곳이다. 그러나 무엇보다 큰 장점은 앞서 언급한 바와 같이 철산역(7호선) 역세권 신축 단지라는 점이다. 출근시간대 하차 인원 부동의 1위인 가산디지털단지역(7호선)까지 한 정거장 만에 갈 수 있어서 직주근접 측면에서 경쟁력이 있는 곳이다. 다양한 편의 시설이 있는 로데오거리도 철산역 맞은편이라 생활 편의성도 좋다.

한 가지 유의해야 할 점은 인근에 신축 단지가 연이어 입주한다는 것이다. 2024년 12월 트리우스 광명(3,344세대), 2025년 5월 철산 자이더헤리티지(3,804세대), 2025년 11월 광명 센트럴아이파크(1,957세대), 2025년 12월 광명 자이더샵포레나(3,585세대), 2026년 1월 철산 자이브리에르(1,490세대) 등 도합 1만 4,180세대가 2024년 12월부터 2026년 1월까지 입주한다. 이는 철산역 롯데캐슬앤SKVIEW클래스티지에 직접적 영향을 줄 수밖에 없는 사안으로 우선 전세가에 작지 않은 타격을 줄 것이 예상된다. 현재는 철산역 롯데캐슬앤SKVIEW클래스티지의 전세가율이 61% 수준(2024년 11월 1일 기준)에 이르러 높은 편이지만, 인근 대단지가 연이어 입주하면 전세가율부터 타격을 주면서 상승 동력을 훼손할 것이다. 다만 인근이 신축 대단지들로 거듭난다는 것은 해당 지역의 이미지 자체를 업그레이드하는 효과도 있어서 중장기적 관점에서는 철산역 롯데캐슬앤SKVIEW클래스티지에도 호재로 작용할 것이다. 따라서 입주가 집중되면서 전세가뿐 아니라 매매가도 흔들릴 시기를 오히려 매수 기회로 활용하는 것도 방법이다. 결국, 2026년 이후 공급 감소는 확실한 상황이기 때문이다. 참고로 서울 추천 단지에 왜 경기도에 있는 롯데캐슬앤SKVIEW클래스티지를 넣었는지 의문인 분들도 있을 것이다. 다리 하나만 건너면 서울일 정도로 가깝기도 하고 광명시 자체가 서울과 같은 02 전화번호를 사용하고 있는 만큼 준서울 지역으로 간주했다.

서울역 센트럴자이

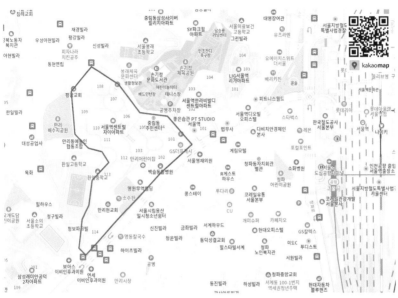

세대수	입주연월	매매 시세(만 원)	전세 시세(만 원)	용적률
1,341	2017년 8월	172,500	85,000	234%

• 전용 84.97㎡(A) 기준

서울역 센트럴자이는 만리2구역 재개발 사업으로 조성된 서울역(1·4호선,
경의중앙선, 공항철도) 역세권 신축 단지다. 지도가 서울역과의 접근성을 보여주
는 데 초점을 맞춰서 다 드러나지 않았지만, 아현역(2호선), 애오개역(5호선) 준
역세권 단지라고도 할 수 있다. 서울역이 2023년 출근시간대 하차 인원 2위
인 역이기 때문에 서울역 접근성이 뛰어난 것 자체만으로도 높은 입지적 가치
가 있는 단지이지만, 그 외에도 2호선과 5호선을 통해 다른 도심으로도 빠른

이동이 가능하다는 측면에서 직주근접 경쟁력이 뛰어난 단지라고 할 수 있다. 특히 GTX-A와 GTX-B, 서소문 재개발 완료 후 삼성그룹 금융계열사 집결, 한화그룹이 2조 원대 자금을 투입하는 서울역 북부역세권 개발사업 등 서울역의 호재가 즐비한 상황에서 서울역에 인접한 신축 대단지인 서울역 센트럴자이 역시 해당 호재들의 수혜지로 주목받을 것이다.

초등학교(봉래초), 중고등학교(환일중, 환일고)가 단지에 붙어 있고 단지와 유사한 크기의 손기정 체육공원도 있어 쾌적한 주거 환경을 자랑한다. 그러나 인근에 학원가 조성이 미비한 것은 단점이다.

광장은 2023년 출근시간대 하차 인원 3위인 여의도역(5호선) 역세권 단지다. 현재 재건축을 추진하고 있는데, 지도에는 1~11동을 모두 표기했으나 실제는 여의나루대로 사이로 갈라진 1~2동과 3~11동이 별도로 재건축을 추진 중이다. 편의상 단지 규모가 큰 3~11동 위주로 설명하는 점, 독자들의 양해를 구한다. 2024년 6월 광장(3~11동)은 최고 56층으로 탈바꿈하는 신통기획 주민기획안을 제출했다(용적률 600%, 4개 동 1,020세대). 이는 여의도 아파트지구 지구단위계획에 따른 것으로, 광장의 경우 일반상업지역으로 종상향이 가능해 용적률 최고 800%까지 상향할 수 있으나, 서울시가 여의도 아파트구역에서 일반상업으로 토지 용도를 바꾸면 600%까지만 높일 것을 권장하고 있어 이 지침을 따른 것으로 보인다. 공사비 급등으로 재건축 채산성이 많이 악화한 것이 사실이나 실제로 종상향이 이뤄지면 채산성 문제가 상당 부분 상쇄될 것으로 보이기에, 종상향의 반대급부로 서울시의 요구 사항에 귀추가 주목된다.

광장은 여의도역 역세권 단지로서도 가치가 높지만, 여의도역과 광장 사이에 완공된 오피스빌딩, TP타워 역시 광장의 가치를 높이는 호재다. TP타워는 지상 42층, 전체 면적 4만 2,000평 규모의 프라임 오피스로, 완공 직후 90%

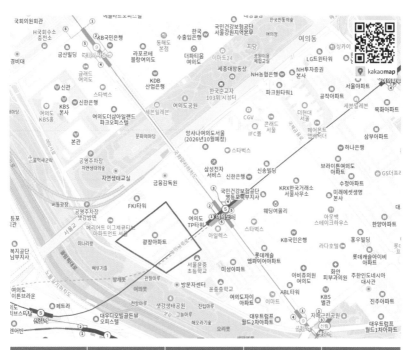

세대수	입주연월	매매 시세(만 원)	전세 시세(만 원)	용적률
744	1978년 5월	220,000	65,000	183%

• 전용 102.35㎡ 기준

입주율을 달성해 화제를 일으킨 건물이다. 광장이 여의도 랜드마크 중 하나로 떠오른 TP타워 바로 앞에 있는 것 역시 직주근접 매력을 높이는 요소다.

　래미안리더스원은 이전 책에서도 여러 차례 밝힌 바와 같이 직주근접 가치 면에서 최강의 경쟁력을 갖추고 있는 신축 단지라고 해도 과언이 아니다.

래미안리더스원

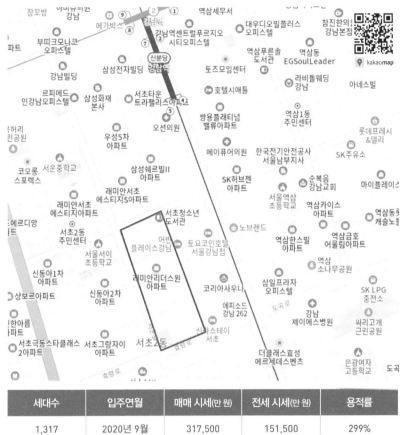

세대수	입주연월	매매 시세(만 원)	전세 시세(만 원)	용적률
1,317	2020년 9월	317,500	151,500	299%

• 전용 84.94㎡(A) 기준

2023년 서울의 출근시간대 하차 인원 순위를 보면 선릉역(3위), 역삼역(5위), 강남역(6위), 삼성역(8위)로, 강남~삼성역 라인이 대한민국에서 가장 많은 일자리가 모여 있다는 점이 확인된다. 그런데 강남~삼성역 라인에 속한 4개 역 주변 500m 내에 1,000세대 이상 신축 아파트가 래미안리더스원밖에 없다. 이 사실이 단지의 가치를 돋보이게 한다.

래미안리더스원이 입주한 1년 후 서초그랑자이가 2021년 6월 입주했고 신동아가 아크로드서초라는 이름의 1,161세대 신축 단지로 2028년 입주하면 비로소 서초동 독수리 5형제로 불렸던 서초우성1·2·3차, 무지개, 신동아의 재건축이 완료돼 5,000여 세대의 균질성 높은 신축 단지들로 거듭난다. 그리고 이 단지에 사는 자녀들이 다니는 서이초·서운중 역시 함께 나아지는 모습을 보여줄 것으로 기대된다. 강남권 마지막 노른자 땅으로 불리는 서초동 롯데칠성 부지(4만 2,312m²)도 서울시에서 용적률 인센티브 등을 활용해 개발을 유도하고 있어 실제 성사된다면 래미안리더스원에 또 다른 큰 호재로 작용할 전망이다.

직주근접 개선

역	단지
홍대입구	(서강대역) 신촌숲아이파크
용산	용산 센트럴파크
합정	메세나폴리스
디지털미디어시티	DMC센트럴자이
서울역	(서울역 센트럴자이)

2020~2021년 대비 2022~2023년 서울 출근시간대 하차 인원 순위가 가장 오른 곳 톱5를 뽑아보니 홍대입구역, 용산역, 합정역, 디지털미디어시티역, 서

신촌숲아이파크

세대수	입주연월	매매 시세(만 원)	전세 시세(만 원)	용적률
1,015	2019년 8월	187,500	106,000	290%

• 전용 84.90㎡(B) 기준

울역 순이었다. 대체로 도심권 및 서북권임을 알 수 있는데 이를 통해 해당 권역의 직주근접 경쟁력이 올라가고 있음을 알수 있다. 그리고 이 역들의 주변 500m 내 단지 중 평당 가격이 높은 곳들을 '직주근접 개선' 추천 단지로 선정했다. 다만 서울역 센트럴자이의 경우 이미 '직주근접' 추천 단지로 선정한 바 있어 '직주근접 개선' 추천 단지에는 반영하지 않았다.

신촌숲아이파크는 출근시간대 하차 인원 순위가 가장 많이 오른 홍대입구역(2호선)과의 접근성이 뛰어난 곳이다. 한 정거장이면 홍대입구역에 갈 수 있는 서강대역(경의중앙선) 초역세권 신축 단지다. 사실상 서강대역(경의중앙선)에 붙어 있는 단지인데 신촌역(2호선), 광흥창역(6호선) 역세권 단지이기도 하다. 즉, 트리플 역세권이다. 직주근접이 매우 좋은 단지인 셈이다. 단지가 서강대와 홍익대 사이에 있어 대학교 교직원 주거 수요도 기대되는 곳이다.

매출이 많은 편에 속한 곳은 아니나 현대백화점 신촌점도 인근에 있어 쇼핑도 편리하고, 단지 인근에 연남동 가좌역부터 용산구 효창공원 앞까지 6.3km에 이르는 경의선숲길 산책로가 조성돼 있어 쾌적한 환경을 자랑한다. 게다가 용산 국제업무지구 개발이 가시화될 경우 경의중앙선으로 용산까지 쉽게 갈 수 있다. 마포구 신축 단지 중에서 보기 드문 평지 단지라는 점도 장점이다.

마포구의 단점으로 지적되는 것이 학군이나, 마포구에 신축 단지들이 계속 입주하면서 입지 경쟁력이 향상되고 있는 데다가 마포구의 학원가가 주로 대흥역 주변에 분포하고 있어 그 약점도 조금씩 사라질 전망이다. 특히 대흥역과 600m 거리에 있는 신촌숲아이파크에도 플러스 요소다.

용산 센트럴파크는 용산4구역을 재개발해 조성됐다. 2020~2021년 대비 2022~2023년 서울 출근시간대 하차 인원 순위가 두 번째로 많이 올라간 용산역(1호선, 경의중앙선) 역세권 신축 단지다. 1호선(용산역)을 이용하면 두 정거장 만에 서울역에도 갈 수 있다. 특히 용산역 주변에 앞으로 1,000세대 이상 신축 대단지가 생기기 힘들다는 점에서 용산 센트럴파크의 희소성이 크게 다가온다. 게다가 주상복합이니만큼 병원, 식당, 미용실 등 다양한 업체들이 입점해 있고 용산역과 연결된 아이파크몰, 신용산역과 연결된 아모레퍼시픽 지하상가에도 각종 인프라가 갖춰져 있어 생활 편의성이 대단히 좋다.

용산 센트럴파크

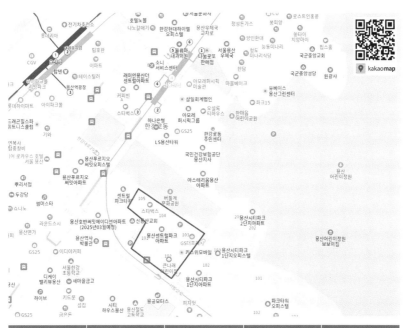

세대수	입주연월	매매 시세(만 원)	전세 시세(만 원)	용적률
1,140	2020년 8월	300,000	155,000	805%

• 전용 102.86㎡ 기준

　중장기적인 호재로는 대표적으로 용산 국제업무지구 개발과 용산 민족공원 조성이 있는데 언제 이뤄질지 가늠하기 힘든 게 아쉽다. 그러나 이 두 가지 호재가 실현될 경우 국제업무지구와 민족공원 사이에 있는 용산 센트럴파크의 가치는 가늠하기 힘든 수준이 될 것이다. 지금 입지도 훌륭하나 서울의 용(龍)이 될 잠재력이 충분한 단지다.

메세나폴리스

세대수	입주연월	매매 시세(만 원)	전세 시세(만 원)	용적률
617	2012년 7월	207,000	145,000	593%

• 전용 122,86㎡ 기준

메세나폴리스는 출근시간대 하차 인원 순위가 올라가고 있는 합정역(2·6호선) 초역세권 단지다. 합정역에서 내리면 마포한강푸르지오와 더불어 웅장한 자태를 드러내는 곳으로, 합정역 지하 9·10번 출구에서 메세나폴리스 지하로 바로 연결되기 때문에 초역세권의 장점이 더욱 부각된다. 게다가 한 정거

DMC센트럴자이

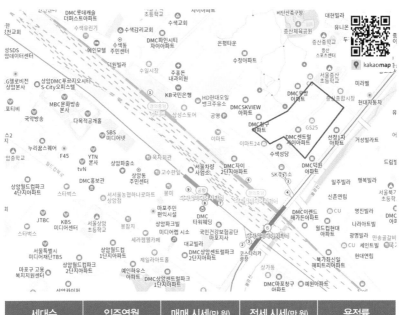

세대수	입주연월	매매 시세(만 원)	전세 시세(만 원)	용적률
1,388	2023년 1월	153,000	79,000	250%

• 전용 84.92㎡(C) 기준

장만 가면 출근시간대 하차 인원 순위가 가장 빠르게 올라간 홍대입구역으로 갈 수 있다. 단지 1~4층이 상가로, 홈플러스, 롯데시네마, 스타벅스 등이 입점해 있어 주민들이 생활하기에 부족함이 없다. 게다가 입주민의 동선이 상가와 완벽하게 분리돼 보안이 철저하게 유지되는 장점이 있어 임영웅, 정동원, 하하·별 부부 등 유명 연예인이 많이 거주하는 곳으로도 유명하다. 인근에 고등학교가 없다는 점은 아쉽다.

DMC센트럴자이는 증산2재정비촉진구역을 재개발해 조성된 신축 대단지로, 출근시간대 하차 인원 순위가 올라가고 있는 디지털미디어시티역(6호선, 경의중앙선, 공항철도) 역세권 단지이기도 하다. MBC, JTBC, tvN, YTN 등 다양한 방송사가 위치한 상암미디어밸리의 배후 주거지로서도 인기가 있다.

특히 서울시가 디지털미디어시티역과 수색역 일대의 용적률을 최대 800%까지 높여 '미디어·엔터테인먼트 중심 업무지구'로 개발할 청사진을 밝힌 점은 DMC센트럴자이에 호재다. 그동안 수색역 일대는 지상철이 가로질러 수색·증산뉴타운과 상암동 업무지구가 단절됐는데 서울시가 이곳을 오피스 중심 고층 복합단지로 개발하고, 남북을 잇는 지하 차로와 보행로를 만들겠다는 구상을 발표함으로써 수색·증산 뉴타운의 직주근접 경쟁력이 강화될 가능성이 커지고 있다. 계획이 현실이 되면 사실상 수색뉴타운 대장 아파트로서의 입지를 자랑하는 DMC센트럴자이에 최대 호재인 것은 두말할 것도 없다. 다만 그렇게 되려면 수색 차량기지를 이전해야 하는데 이전 대상인 고양시에서 호의적인 반응이 나오지 않고 있어 향후 진행 상황은 지켜봐야 한다.

학군

중학교	단지
신사중	현대
양정중	목동 5·6단지
세화여중	아크로리버파크
휘문중	대치 현대
신동중	메이플자이

앞서 말한 것처럼 학군 관련 추천 단지는 2023년 기준으로 지역별 특목고·자사고 진학률 상위 중학교 주변을 대상으로 했다. 2023년 서울에서 특목고·자사고 진학률이 가장 높았던 중학교 톱 5 는 신사중, 양정중, 세화여중, 휘문중, 신동중이다(대원국제중과 영훈국제중은 제외). 해당 중학교 주변 500m 내 단지 중에 평당 가격이 높은 곳 (500세대 이상)들을 학군 관련 추천 단지로 삼았고 그 주인공들은 현대, 목동 5·6단지, 아크로리버파크, 대치 현대, 메이플자이다.

두말하면 잔소리인 곳, 대한민국 아파트의 끝판왕, 바로 현대(압구정) 아파트다. 압구정역(3호선) 역세권에 현대백화점 압구정 본점과 한강을 끼고 있는 입지, 거기에 2023년 서울 내 특목고·자사고 진학률 1위인 신사중이 단지 옆에 있다. 가장 작은 평형인 33평의 매매 시세가 KB부동산 2024년 11월 1일 기준으로 47억 원이니 무슨 말이 필요할까 싶다.

해당 단지는 압구정 2구역으로 분류되는데, 압구정 2구역은 앞서 언급한 장점(압구정역 역세권, 현대백화점 압구정 본점과 현대고가 단지 옆에 위치)으로 압구정 내에서도 가장 입지가 좋다. 강남구청에서 정비계획안을 공람한 것도 압구정 구역 중 2구역이 처음이며, 설계사 선정(DA건축과 프랑스 건축가 도미니크 페로)도 2구역이 처음이다. 강남구청의 '압구정 아파트지구 특별계획2구역 재건축사업' 정비계획에 따르면 1,924가구에서 2,606가구로 늘리면서 최고 층수를 70층으로 하는 방안이 담겼다. 압구정 2~5구역이 신속통합기획을 적용해 최고 층수를 50층으로 높였는데 여기에 창의적·혁신적 디자인을 적용하면 최고 70층까지 높이는 것을 허용하겠다는 방침을 활용해 압구정 2구역이 70층 재건축에 나선 것이다.

게다가 강남구가 압구정 2구역 및 현대백화점 압구정 본점과 가까운 공영주차장 부지 개발을 검토하고 있는 것도 긍정적인 요소다. 이 부지에 어떤 시

현대

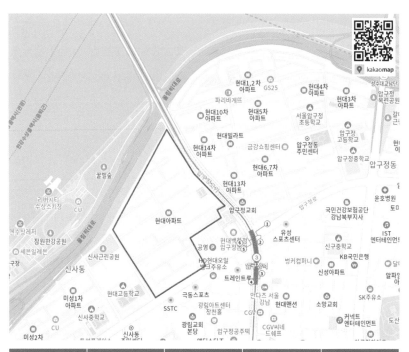

세대수	입주연월	매매 시세(만 원)	전세 시세(만 원)	용적률
1,924	1982년 5월	470,000	92,500	–

• 전용 108.88㎡(E) 기준

설이 들어서든 현대 아파트에는 호재다. 다만 재건축 과정에서 추가분담금이 생각보다 많이 나올 수 있다는 점은 미지의 악재라고 할 만하다.

목동 5·6단지는 2023년 기준으로 서울에서 두 번째로 특목고·자사고 진학률이 높았던 양정중에 배정이 많이 되는 단지다. 양정중, 양정고가 있어 남

목동 5·6단지

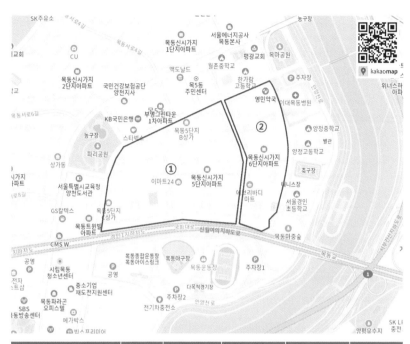

	세대수	입주연월	매매 시세(만 원)	전세 시세(만 원)	용적률
① 목동5단지	1,848	1986년 9월	180,000	62,500	116%
② 목동6단지	1,368	1986년 11월	178,500	62,000	139%

• 목동5단지 전용 65.08㎡, 목동6단지 전용 65.10㎡ 기준

학생이 있는 가정의 수요가 많고 이대 목동병원이 가까운 것도 입지적 장점이다. 두 단지를 비교하자면, 5단지는 앞에 학원가가 조성돼 있고, 6단지는 양정중, 양정고, 이대 목동병원에 가까운 것이 장점이다.

재건축 속도는 6단지가 조금 더 빠르다. 6단지는 목동 14개 단지 중 가장 먼저 정비구역으로 지정됐는데, 추진위원회 설립을 생략하고 조합 직접 설립을 준비하고 있어 목동 재건축 단지 중 가장 빨리 신축으로 거듭날 가능성이 커지고 있다. 반면 5단지도 재건축 속도를 높이기 위해 신속통합기획을 추진함과 더불어 하나자산신탁과 재건축 추진을 위한 업무 협약을 체결했다. 그외에 5단지의 용적률은 116%로 목동 1~14단지 중 제일 낮아서 가구당 평균 대지지분도 28.7평으로 가장 크다. 즉, 재건축 속도는 다소 느리지만, 사업성은 가장 좋다는 말이다. 두 단지의 입지가 비슷하다면 속도냐 사업성이냐 각자의 취향을 고려해서 선택하는 것도 방법이다.

또 다른 '두말하면 잔소리' 단지다. 래미안원베일리가 2023년 8월 입주하기 전까지 아크로리버파크는 7년간 반포의 대장 아파트였다. 2023년 서울 기준 세 번째로 특목고·자사고 진학률이 높았던 세화여중에도 갈 수 있으나 사실 단지와 붙어 있는 신반포중 역시 2023년 특목고·자사고 진학률이 34%에 이를 정도로 성적이 좋은 학교다. 기본적으로 래미안원베일리, 래미안퍼스티지, 아크로리버파크 단지의 아이들이 가는 학교들이 주로 신반포중과 세화여중인 것을 생각하면 그 '균질성' 역시 높이 평가해볼 수 있다.

그 외에도 아크로리버파크는 신반포역(9호선) 역세권 단지에다 한강공원이 가깝고 국내 최대 매출을 기록하는 신세계백화점 강남점과 도보 거리에 있다. 한때 중국인 관광객들이 대한민국에서 가장 비싼 아파트를 구경하겠다고 관광버스를 타고 아크로리버파크를 방문한 적도 있을 정도로 화제성 높은 단지이기도 하다.

물론 아크로리버파크도 입주한 지 8년 차에 접어들면서 점점 신축 효과가 사라지고 있고, 단지 바로 서쪽에 공사가 진행 중인 반포 디에이치클래스트가 입주하면 반포 대장의 위치에서 점점 멀어지겠지만, 워낙 입지가 우수하기에

아크로리버파크

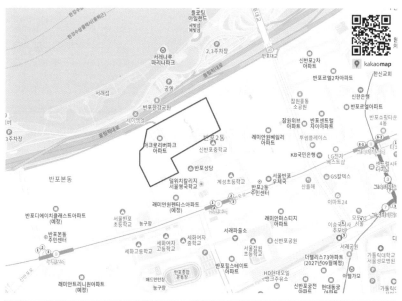

세대수	입주연월	매매 시세(만 원)	전세 시세(만 원)	용적률
1,612	2016년 8월	450,000	170,000	299%

• 전용 84.97㎡(A) 기준

명성은 오랫동안 유지될 것이다.

대치 현대는 2023년 기준으로 서울에서 네 번째로 특목고·자사고 진학률이 높았던 휘문중에 주로 배정되는 단지다. 사실 휘문중 주변 500m 내 단지 중에는 대치 현대보다 평당 가격이 높은 단지들이 여럿 있으나(대치 르엘, 대치 푸르지오써밋 등) 500세대 이상 단지는 대치 현대뿐이다. 휘문중 위치를 보여주기 위해 부득이 지도에서 대치 현대를 남단에 뒀는데 실제는 단지 아래로 조금

대치 현대

세대수	입주연월	매매 시세(만 원)	전세 시세(만 원)	용적률
630	1999년 6월	240,000	107,500	341%

• 전용 85㎡ 기준

만 내려가면 대치동에서도 가장 많은 학원이 있는 은마사거리에 갈 수 있기 때문에 대치동 학원가의 접근성이 매우 뛰어난 곳이다. 평일 밤이나 주말 낮에 대치동 학원가를 가보면 '라이딩'하는 학부모 승용차들로 매우 혼잡하다. 교통 체증을 겪지 않고 대치동 학원가를 걸어서 갈 수 있다는 것은 매우 큰 장점이다. 게다가 인근에 휘문중, 휘문고가 있어서 남학생이 있는 가구의 수요가 많은 곳

메이플자이

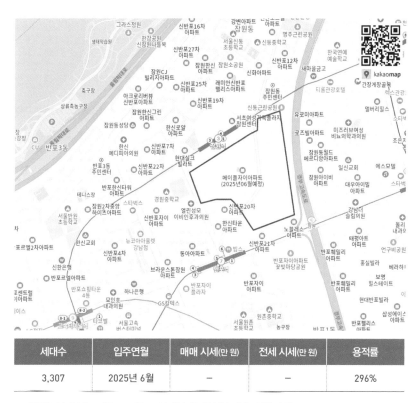

세대수	입주연월	매매 시세(만 원)	전세 시세(만 원)	용적률
3,307	2025년 6월	–	–	296%

• KB부동산 시세 미기재   • 전용 84㎡ 기준 2024년 3분기 평균 실거래가 : 매매 40억 원, 전세 無

이기도 하다. 삼성역과도 가까워서 영동대로 개발의 호재를 누릴 수 있다.

용적률이 341%로, 재건축 사업성은 없다는 점이 오히려 통했는지, 리모델링으로 가닥을 잡고 빠르게 사업을 추진하고 있다(2021년 4월 조합을 설립한 이래 1차 안전진단에서 B등급을 받아 수직증축 리모델링 사업이 확정됐고 도시계획심의를 통과했다). 시공사를 GS건설로 확정하면서 '대치 센트럴자이'라는 이름의 아파트로

다시 태어날 예정인데 최근 공사비 급등으로 추가분담금이 어느 정도 나올지가 신경 쓰이는 상황이다.

　메이플자이는 신반포4지구를 재건축해 2025년 6월 3,307세대의 신축 대단지로 거듭날 예정이다. 아직 입주한 것은 아니지만 2023년 기준으로 서울에서 다섯 번째로 특목고·자사고 진학률이 높은 신동중 주변 단지 중에 가장 세대수가 많아서 추천 단지에 선정했다. 참고로 메이플자이 바로 앞에 있는 경원중에 더 많은 학생이 배정되겠지만 경원중 역시 특목고·자사고 진학률 41%로 우수한 성적을 거둔 학교다.

　지도에서 보다시피 잠원역(3호선), 반포역(7호선) 더블 역세권 단지다. 특히 잠원역과 메이플자이 상가가 지하로 연결돼 초역세권 단지의 장점이 부각된다. 게다가 반포역의 지하도로 고속터미널 및 상가까지 갈 수 있는 장점도 무시할 수 없다. 단지명에서도 알 수 있듯이 캐나다 밴프국립공원을 모티브로 해 에버랜드가 조경을 맡은 곳으로 메이플 가든, 메이플 포레스트, 메이플 브리지 등 다채로운 조경이 기대된다.

대형 백화점

백화점	단지
신세계 강남점	래미안원베일리
롯데 잠실점	잠실 주공5단지
롯데 본점	–

대형 백화점은 2023년 매출 기준으로 서울·경기는 각각 매출 상위 백화점 3

곳, 광역시는 전국 30위 안에 드는 매출을 기록한 백화점의 반경 500m 내 아파트를 추천 단지로 삼는다고 밝힌 바 있다. 그 결과 2023년 서울 백화점 매출 톱3는 신세계백화점 강남점, 롯데백화점 잠실점, 롯데백화점 본점이었다. 해당 백화점 반경 500m 내 단지 중 가장 평당 가격이 높은 곳은 래미안원베일리, 잠실 주공5단지였다(롯데 본점은 반경 500m 내 아파트가 없었다).

우리나라 백화점 매출 1위인 신세계백화점 강남점의 반경 500m 내에는 수많은 아파트가 있다. 500세대가 넘는 곳은 래미안원베일리, 반포 센트럴자이, 반포 르엘, 신반포2차, 신반포4차, 래미안퍼스티지, 반포 미도1차 등 부지기수다. 그 안에서 평당 가격이 가장 높은 곳이 바로 래미안원베일리다.

래미안원베일리는 2023년 8월에 입주를 한 따끈따끈한 신축으로, 아크로리버파크의 뒤를 잇는 반포의 새로운 대장 아파트다. 사실상 반포의 대장 아파트인 만큼 신세계백화점 강남점에 가까운 것 외에도 입지적 장점이 많은 곳이다. 신반포역(9호선), 고속터미널역(3·9호선) 더블 역세권인 데다 한 블록 건너가면 가톨릭대 서울성모병원도 갈 수 있다.

어디 그뿐인가. 앞서 아크로리버파크를 설명할 때 언급했듯이 특목고·자사고 진학률이 높은 세화여중과 신반포중에 배정받는다. 한마디로 직주근접, 학군, 슬세권, 병세권 모두에 해당하는 곳이다. 가히 반포의 대장 아파트라 할 만하다. 게다가 고속터미널 지하상가(고투몰)에서 한강공원까지 지하공공보행통로로 연결돼 래미안원베일리 입주민은 한강공원의 접근성까지 누릴 수 있다. 선망의 대상이 되는데 부족함이 없는 아파트 단지다.

잠실 주공5단지는 서울에서 두 번째로 높은 매출을 자랑하는 롯데백화점 잠실점과 인접한 곳이다. 대로 맞은편에 롯데백화점 잠실점과 롯데마트, 롯데월드가 있고 대로 대각선 맞은편에 롯데애비뉴엘 잠실점과 롯데월드몰이 있

래미안원베일리

세대수	입주연월	매매 시세(만 원)	전세 시세(만 원)	용적률
2,990	2023년 8월	485,000	185,000	–

• 전용 84.99㎡(N) 기준

어 우리나라의 대표적인 슬세권 단지다.

그러나 잠실 주공5단지가 유명한 것은 슬세권의 장점뿐 아니라 대치동 은마와 함께 대표적인 재건축 대장 아파트로 꼽히기 때문이다. 오랫동안 지지부진하던 재건축 사업은 2024년 9월 서울시가 정비계획을 고시하면서 사업이

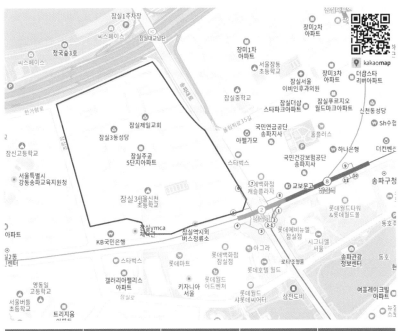

세대수	입주연월	매매 시세(만 원)	전세 시세(만 원)	용적률
3,930	1978년 4월	277,500	50,000	138%

• 전용 76.49㎡(A) 기준

실행 단계로 돌입했다. 이 정비계획에 따르면 잠실 주공5단지는 현재 3,930세대에서 6,491세대로 늘어나며 특히 2개 동이 70층으로 계획돼 있어 눈길을 끈다.

　기본적으로 잠실 주공5단지는 중층 단지로는 드물게 용적률이 150% 미만으로 재건축 사업성이 뛰어나다. 조합 측은 30평대 소유주가 40평을 분양받을 때 3~4억 원을 환급받을 것으로 예상하나 이는 공사비를 평당 800만 원으로 책정한 경우다. 최근 상황을 보면 평당 900~1,000만 원이 될 가능성이 커 보인다. 다만 그렇다 하더라도 잠실 주공5단지의 사업성이 우수하다는 데에는 변함이 없다. 재건축 과정에서 워낙 많은 일이 일어났던 단지이기에 과연 언제 재건축이 완료될지 예측하기 어려우나, 한 가지 확실한 것은 재건축이 완료된 잠실 주공5단지는 최고의 입지를 자랑하는 국내 굴지의 신축 대단지가 될 것이라는 점이다.

대형 병원

병원	단지
아산병원	파크리오
신촌 세브란스병원	–
삼성 서울병원	래미안 개포루체하임

대형 병원의 경우, 서울과 경기에서 병상 규모가 큰 병원 3곳을 골랐다. 그러고는 해당 병원 반경 500m 내의 단지 중 평당 가격이 가장 높은 곳을 추천했다. 그 결과 서울에서 병상 규모가 가장 큰 병원 톱3는 아산병원, 신촌 세브란스병원, 삼성 서울병원이었다. 해당 병원 반경 500m 내 단지 중 평당 가격이 가장 높은 곳은 파크리오, 래미안 개포루체하임이었다(신촌 세브란스병원 반경 500m 내에는 아파트가 없었다).

파크리오는 성내천 너머로 아산병원과 가까운 거대 단지다. 게다가 단지 동쪽으로는 올림픽공원이 붙어 있다. 병세권과 공세권의 입지를 모두 갖추고 있

파크리오

세대수	입주연월	매매 시세(만 원)	전세 시세(만 원)	용적률
6,864	2008년 8월	232,500	104,000	283%

• 전용 84.79㎡(B) 기준

다는 이야기다. 그뿐 아니라 잠실나루역(2호선) 초역세권, 몽촌토성역(8호선) 역세권 단지다.

헬리오시티 입주 초기에는 파크리오가 10년의 연식 차이가 나는 헬리오시티에 밀릴 것이라는 견해가 많았다. 그러나 파크리오는 헬리오시티의 추월을 아직도 허용하지 않았다. 아산병원과 올림픽공원, 2·8호선 역세권이라는 장점뿐 아니라 2017년 롯데월드타워와 롯데월드몰의 개장 때문이다. 거기에

래미안 개포루체하임

세대수	입주연월	매매 시세(만 원)	전세 시세(만 원)	용적률
850	2018년 11월	275,000	130,000	249%

• 전용 84.97㎡(A) 기준

2018년 12월 한성백제역(9호선)이 개통되면서 9호선 준역세권이라는 추가
적인 호재까지 더하며 입지가 더욱 좋아졌다.

　주변에 잠실 르엘과 잠실 래미안아이파크가 재건축이 진행 중인데 재건축
이 완료되면 파크리오의 전세가에 타격을 줄 것으로 예상한다. 그러나 결국
신축들이 주변에 들어오면서 지역 자체가 좋아지는 효과가 있어서 파크리오

에도 중장기적으로는 호재가 될 것이다. 특히 해당 단지들의 학령기 자녀들로 인해 학군이 더 좋아진다는 것도 큰 장점이다.

래미안 개포루체하임은 일원현대 아파트를 재건축한 단지로, 삼성 서울병원과 가장 인접한 신축 아파트다. 대로를 건너기만 하면 삼성 서울병원에 다다르기 때문에 대표적인 병세권 단지다.

대청역(3호선) 역세권의 입지에다 중동중(2023년 특목고·자사고 진학률 39%)이 가까워 남학생이 있는 가구의 수요도 병원 임직원 수요 못지않다. 초등학교(일원초)와 자사고(중동고), 구립도서관(강남구립 개포하늘꿈도서관)이 단지 인근에 있어 학령기 자녀를 키우기 좋다. 그러한 장점을 살려 1,000세대가 안 되는 단지로는 드물게 단지 안에 작은 도서관 2개와 독서실이 있다. 다만 단지 규모상 최근에 나오는 신축 대단지들과 비교하면 커뮤니티 규모는 소박한 수준이다. 단지 주변에 대형 백화점이 없는 것은 단점이나 수서역 개발 사업과 더불어 인근 부지에 신세계백화점이 착공에 들어갔기 때문에 해당 점포가 완공되면 이 단점도 없어질 전망이다.

신축 대단지

규모	단지
1위	올림픽파크포레온
2위	헬리오시티
3위	디에이치퍼스티어아이파크

서울에서 입주한 지 10년이 안 된 단지 중에 가장 규모가 큰 단지는 올림픽파

크포레온, 헬리오시티, 디에이치퍼스티어아이파크다. 그 규모답게 자주 들어 봤을 이름이다. "신축이 곧 입지다"라는 말이 맞는지 자세히 살펴보자.

올림픽파크포레온은 둔촌 주공을 재건축한 단지로 2024년 11월부터 입주가 진행되는 곳이다. 서울뿐 아니라 우리나라에서 가장 세대수가 많다. 단지 규모가 워낙 커서 지도에서 보다시피 둔촌동역(5호선)뿐 아니라 둔촌오륜역, 중앙보훈병원역(9호선) 역세권 단지이기도 하다. 게다가 초등학교(둔촌초, 위례초, 한산초), 중학교(동북중, 보성중, 한산중), 고등학교(동북고, 보성고)가 단지 안에 있거나 길만 건너면 있어서 사실상의 초·중·고품아 단지라고 할 수 있다. 방이동 학원가와도 멀지 않고 둔촌동역 대로 건너편에 성내동 학원가도 있다. 올림픽파크포레온이 입주하면 주변 학원가 역시 양적, 질적으로 더 좋아질 것이다.

단지 규모가 큰 만큼 상가 규모도 매우 크다. 둔촌동역 쪽에는 포레온 스테이션 5, 둔촌오륜역 쪽에는 포레온 스테이션 9가 들어선다. 해당 상가들이 모두 역과 지하로 연결돼 있다.

올림픽파크포레온은 1~4단지로 구성돼 있는데, 단지별로 커뮤니티가 조성되고 모두 지하 2층에서 지상 1~2층까지 피트니스, 골프 연습실, 카페, 식당, 도서관 등 다양한 시설들이 함께 들어온다. 8레인 수영장(키즈 수영장은 별도)도 갖춰져 있다. 그야말로 '규모의 힘'을 톡톡히 보여주는 셈이다. 거기에 단지 남서쪽 대각선 맞은편에 올림픽공원이, 동쪽 맞은편에 일자산이 있어 쾌적한 생활 환경을 자랑한다.

헬리오시티는 가락 주공을 재건축한 단지로, 입주한 지 6년이다. 송파역(8호선) 초역세권 단지인 데다 송파역과 지하주차장을 연결해 역과의 접근성이 좋다. 한마디로 태풍과 폭설이 오더라도 롯데월드와 코엑스 등 강남 주요 지

올림픽파크포레온

세대수	입주연월	매매 시세(만 원)	전세 시세(만 원)	용적률
12,032	2024년 11월	–	–	273%

• KB부동산 시세 미기재   • 전용 84㎡ 기준 2024년 3분기 평균 실거래가 : 매매 22억 8,753만 원, 전세 無

점에 우산 없이 갈 수 있다는 이야기다.

헬리오시티도 규모의 힘을 보여주는 장점들이 많다. 단지 내에 국공립 어린이집만 7개가 있으며 6개 레인 수영장도 갖추고 있다. 그 외에 골프 연습장, 체육관, 도서관 등 일반 아파트 단지에서는 볼 수 없는 규모의 커뮤니티를 자랑한다. 단지 중앙을 관통하는 공원(파크밴드)의 길이가 1km에 달해 산책을 위해 단지 밖으로 나갈 필요도 없다. 2024년 7월부터 중·석식 서비스가 시작됐는데

헬리오시티

세대수	입주연월	매매 시세(만 원)	전세 시세(만 원)	용적률
9,510	2018년 12월	233,333	106,667	285%

• 전용 84.99㎡(D) 기준

중식 9,000원, 석식 1만 원이면 뷔페를 즐길 수 있다. 과거에는 가락시장 주변에서 악취가 난다는 이야기가 있었으나 현대화가 된 이후는 그런 부정적인 측면보다 농수산물을 저렴하게 살 수 있는 장점으로 거론된다. 이전에는 송파역에서 북쪽으로 두 정거장 떨어진 잠실 접근성이 장점이었으나 이제는 문정비즈밸리와 법조타운 조성으로 남쪽으로 두 정거장 떨어진 문정역 접근성도 장점이 됐다.

디에이치퍼스티어아이파크

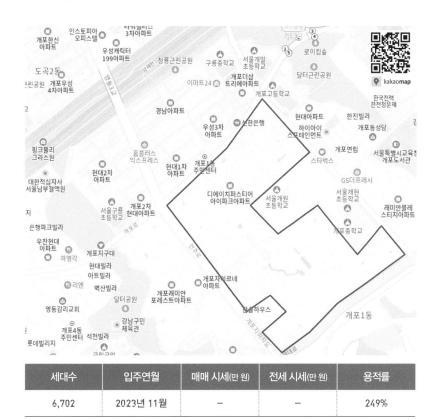

세대수	입주연월	매매 시세(만 원)	전세 시세(만 원)	용적률
6,702	2023년 11월	–	–	249%

• KB부동산 시세 미기재 • 전용 84㎡ 기준 2024년 3분기 평균 실거래가 : 매매 30억 7,500만 원, 전세 13억 9,182만 원

디에이치퍼스티어아이파크는 개포 주공1단지를 재건축한 단지로, 강남구에서 최대 규모를 자랑하는 신축 단지다. 그것만으로도 희소성이 있는 단지라고 할 수 있다. 구룡역(수인분당선) 역세권 단지이며, 2개의 초등학교(개원초, 개현초)와 1개의 중학교(개포중)를 품에 안고 있고 길 하나 건너면 고등학교(개포고)

도 있다. 특히 개포 주공1단지 조합의 기부채납으로 학교가 신설돼 아이들이 신축 학교에서 학업을 수행할 수 있다는 것도 장점이다.

　다른 대단지의 커뮤니티와 차별되는 점은 10개 레인이라는 방대한 규모에 이르는 수영장과 4개 레인 볼링장, 소형 백화점 수준에 이르는 상가 규모다. 상권이 약하다, 직주근접 경쟁력이 약하다는 지적도 있으나 8개 동에 이르는 상가와 더불어 구룡역(수인분당선)에서 세 정거장만 가면 선릉역이기 때문에 GBD(강남업무지구) 접근성이 상권과 직주근접 경쟁력에 관한 우려를 불식시킨다. 쾌적한 환경을 원하는 수요자에게 북으로는 양재천, 남으로는 구룡산과 대모산이 있는 것도 장점이다.

9장 경기도 추천 단지

직주근접

지역	단지
화성시	동탄역 롯데캐슬
	동탄역 시범더샵센트럴시티
성남시	판교 푸르지오그랑블
	봇들마을8단지
수원시	광교 중흥S클래스
	힐스테이트 광교

직주근접 추천 단지는 출근시간대(오전 6~10시) 하차 인원이 가장 많은 역 주변 500m 단지 중에서 가장 평당 가격이 높은 곳을 기준으로 삼았으나 경기도 모든 지역에 지하철이 있는 것이 아니어서 다른 잣대를 적용했다. 지하철 출근시간대 하차 인원 대신 시·구별 상용근로자 수를 고려해서 추천 단지를 선

	2021년	2022년	2023년
화성시	404	420	445
성남시	365	402	409
수원시	322	317	326
용인시	251	270	289
평택시	208	251	259
고양시	231	226	237
안산시	226	239	216
부천시	182	192	182
안양시	163	157	168
파주시	152	162	166

• 단위 : 천 명 • 출처 : 통계청

정했다.

표에서 보듯이 경기도에서 상용근로자 수가 30만 명이 넘는 곳은 화성시, 성남시, 수원시였다. 그리고 각 시에서 평당 가격이 가장 높은 단지는 다음과 같다. 동탄역 롯데캐슬·동탄역 시범더샵센트럴시티(화성시), 판교 푸르지오그랑블·봇들마을8단지(성남시), 광교 중흥S클래스·힐스테이트 광교(수원시)다. 해당 단지들을 좀 더 자세히 분석해보자.

동탄역 롯데캐슬은 화성시, 동탄신도시의 대장 아파트다. 전용면적 102.7㎡(41평)가 2023년 하반기부터 잇따라 20억 원 넘는 금액에 거래되면서 일약 유명해졌다. 서울 중심으로 생각하면 의아할 수 있다. 어떻게 화성시의 아파트가 20억 원 넘는 금액에 거래될 수 있었을까? 삼성전자 때문일까? 그러나 화성시에는 삼성전자 외에도 현대·기아차, 한미약품 등 대기업이 여

동탄역 롯데캐슬, 동탄역 시범더샵센트럴시티

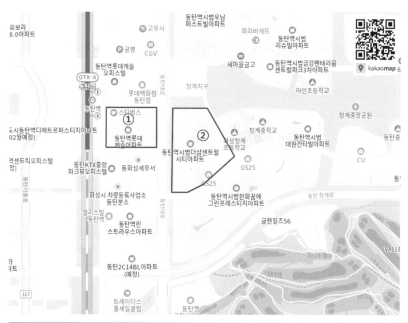

	세대수	입주연월	매매 시세(만 원)	전세 시세(만 원)	용적률
① 동탄역 롯데캐슬	940	2021년 6월	156,000	65,500	486%
② 동탄역 시범더샵 센트럴시티	874	2015년 9월	123,000	52,500	209%

• 동탄역 롯데캐슬 전용 84.70㎡(A), 동탄역 시범더샵센트럴시티 전용 84.39㎡(B) 기준

럿 포진하고 있다. 이러한 상황이 반영돼 화성시의 2024년 기준 재정자립도
는 50.2%로 세종시(57.6%), 성남시(57.2%), 서울시 강남구(56.1%), 중구(53.6%),
서초구(53.2%)에 이어 전국 6위 수준이다. 그런 화성시의 대장 아파트가 고가
에 거래되는 게 이상한 일은 아니다.

동탄역 롯데캐슬은 지하주차장으로 동탄역(SRT, GTX-A)과 롯데백화점 동탄점 및 롯데마트에 갈 수 있어 진정한 초역세권 및 슬세권의 위용을 자랑한다. 동탄역 롯데캐슬에 대항할 수 있는 입지가 화성시에 없다는 점(앞으로도 오랫동안 화성시의 대장 아파트로 군림할 것이라는 점), GTX-A가 2028년에 삼성역도 개통되면 추가적인 입지 개선이 이뤄지는 점은 동탄역 롯데캐슬이 가진 희소성이자 강점이다.

동탄역 시범더샵센트럴시티는 동탄역 롯데캐슬이 입주하기 전까지 동탄신도시의 대장 아파트였던 곳이다. 그럴 수밖에 없는 것이 그 전까지는 동탄역 시범더샵센트럴시티가 동탄역 및 롯데백화점 동탄점에 가장 인접한 곳이었다. 게다가 단지 입구에서 동탄역 및 롯데백화점 동탄점과 지하 보행로로 연결돼 접근성이 매우 좋다. 입주한 지 10년으로 용적률이 209%인 데다 건폐율이 15%에 불과하다는 점은 작지 않은 장점이다. 초등학교(청계초)와 중학교(청계중)가 단지와 가깝다는 점도 동탄역 롯데캐슬 대비 우위 요소다. GTX-A 2028년 삼성역 개통도 동탄역 시범더샵센트럴시티의 호재다.

판교 푸르지오그랑블은 성남시, 판교신도시의 대장 아파트다. 성남시는 판교테크노밸리가 확장을 거듭하고 HD현대, 현대제철, 두산그룹 등 대기업이 입주하면서 강남·서초구를 능가하는 전국 최고 수준 재정자립도를 자랑하는 곳이다. 그런 성남시에서 대장 아파트 역할을 하는 판교 푸르지오그랑블이니만큼 웬만한 서울 아파트보다 비싸다 해도 이상할 게 없다. 동탄역 롯데캐슬과 마찬가지로 지도만 봐도 판교 푸르지오그랑블이 판교신도시의 대장 아파트인 것은 알 수 있다.

일단 판교역(신분당선) 초역세권으로 전국 5위(경기도 1위)의 매출을 기록하는 현대백화점 판교점이 단지 바로 앞에 있다. 경기도 최고의 슬세권 단지라

판교 푸르지오그랑블, 봇들마을8단지

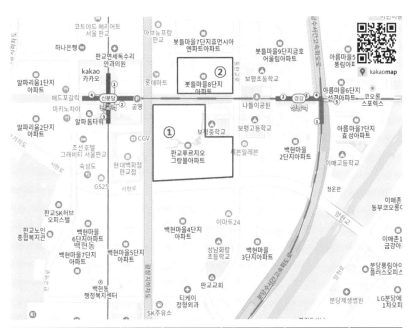

	세대수	입주연월	매매 시세(만 원)	전세 시세(만 원)	용적률
① 판교 푸르지오그랑블	948	2011년 7월	240,000	115,000	199%
② 봇들마을8단지	447	2009년 9월	205,000	96,000	199%

• 판교 푸르지오그랑블 전용 98.98㎡, 봇들마을8단지 전용 84.92㎡(D-1) 기준

고 해도 과언이 아니다. 중학교(보평중)를 품에 안고 있으며 초등학교(보평초), 고등학교(보평고)도 가깝다. 직주근접 및 슬세권의 입지에 학령기 자녀가 있는 가정의 수요까지 흡인하기에 부족함이 없다. GTX-A가 개통하면서 성남역 (GTX-A) 역세권 단지도 됐다. 게다가 동판교에서 사실상 유일한 1군 건설사

아파트 단지라는 점도 판교 푸르지오그랑블의 희소성을 돋보이게 한다.

봇들마을8단지는 판교 푸르지오그랑블 옆에 있는 단지로 입지를 공유하고 있는 곳이기도 하다. 판교역(신분당선)과 현대백화점 판교점까지의 거리가 판교 푸르지오그랑블보다 조금 더 멀 뿐, 실제로는 매우 가깝다. 게다가 판교 테크노밸리 및 성남역(GTX-A)과의 거리는 오히려 판교 푸르지오그랑블보다 더 가깝다. 단지 바로 앞에 롯데마트도 있어 생활 편의성도 좋은 데다 보평초·중·고가 단지 주변을 감싸고 있는 점도 큰 장점이다.

광교 중흥S클래스는 수원시, 광교신도시의 대장 아파트다. 광교신도시는 신분당선 개통으로 강남 접근성이 월등히 개선된 것도 사실이지만 기본적으로 삼성전자 수원캠퍼스가 인근에 있다는 점도 광교신도시의 직주근접 경쟁력을 돋보이게 하는 요소다.

광교 중흥S클래스도 앞서 동탄역 롯데캐슬, 판교 푸르지오그랑블과 공통점이 있는데 바로 슬세권이라는 점이다. 광교 중흥S클래스 맞은편에는 갤러리아백화점 광교점이 있고 대각선 맞은편에는 롯데아울렛 광교점이 있어 편하게 쇼핑할 수 있는 환경이다. 게다가 단지 상가(광교 중흥S클래스 어뮤즈스퀘어) 규모도 상당한데 500여 개 점포가 입점해 있어 생활하기에 매우 편리하다. 비록 역세권 단지라고 하기에는 무리가 있으나 한 가지 더 광교 중흥S클래스를 특별하게 만드는 요소가 있다. 바로 광교호수공원을 단지 앞에 두고 있다는 점이다. 도심 속 호수공원으로는 국내 최대 수준인 광교호수공원은 입주민들의 생활을 윤택하게 한다. 통학 시 초등학교(광교호수초) 정문으로도 들어갈 수 있으나 단지에서 다리로 광교호수초 3층으로 연결되는 점도 독특한 장점이다.

힐스테이트 광교는 역세권과 거리가 먼 단지다. 게다가 초중고등학교도 걸

광교 중흥S클래스, 힐스테이트 광교

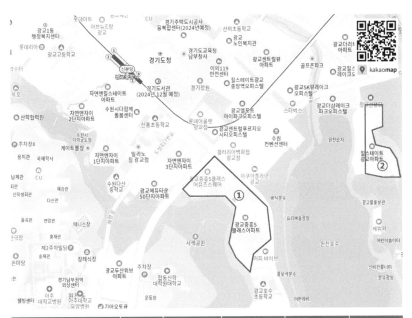

	세대수	입주연월	매매 시세(만 원)	전세 시세(만 원)	용적률
① 광교 중흥S클래스	2,231	2019년 5월	159,000	83,000	399%
② 힐스테이트 광교	928	2018년 5월	151,500	87,000	268%

• 광교 중흥S클래스 전용 84.93㎡(B), 힐스테이트 광교 전용 97.55㎡(A) 기준

어서 가기에는 멀다. 그런데도 상당히 높은 시세를 기록하고 있는 것은 광교 신도시에서 비교적 신축에 속하는 연식, 그리고 사실상 광교호수공원 안에 있는 것과 다를 바 없는 위치 때문이다. 특히 광교호수공원을 구성하는 원천호수와 신대호수를 모두 조망할 수 있다는 특장점이 다른 약점을 상쇄시킨다.

조망권의 가치를 가장 인정받는 단지 중 하나로 힐스테이트 광교를 꼽을 수 있다. 단지 인근에 수원지방검찰청과 수원지방법원이 있어 법조인 주거 수요도 기대할 수 있는 곳이다. 피트니스, 식당, 체육관, 골프 연습장, 도서관 등 커뮤니티가 다양한 점도 장점이다.

직주근접 개선

지역	단지
과천시	과천 주공10단지
	과천 푸르지오써밋
평택시	지제역 더샵센트럴시티
	호반써밋 고덕신도시

경기도의 시별 상용근로자 수와 연평균 증가율(CAGR)을 다음 페이지에 표로 정리해봤다. 경기도에서 2021년부터 2023년까지 상용근로자 연평균 증가율이 +10% 이상이었던 곳은 과천시(+13.9%), 평택시(+11.6%)로 나타났다. 따라서 과천시와 평택시에서 평당 가격이 가장 높은 단지들을 직주근접 개선 관련 추천 단지로 선정했다.

과천 주공10단지는 경기도에서 상용근로자 증가율이 가장 높은 과천의 대장 아파트이자, 용적률 86%에서도 알 수 있듯이 재건축 사업성으로 주목받는 곳이다. 재건축 진행 현황은 2024년 8월 기준으로 조합설립인가까지 마친 상태로 2027년 착공을 목표로 하고 있으며, 재건축이 완료되면 1,179세대 신축 대단지로 거듭날 예정이다. 시공사는 삼성물산이며, 신축 단지명은 래미

지역	2021년	2022년	2023년	CAGR
과천시	27	29	35	+14%
평택시	208	251	259	+12%
안성시	76	80	91	+9%
김포시	134	136	156	+8%
용인시	251	270	289	+7%
군포시	61	66	70	+7%
광명시	61	64	69	+6%
성남시	365	402	409	+6%
화성시	404	420	445	+5%
파주시	152	162	166	+5%

• 단위 : 천 명   • 출처 : 통계청

안 원마제스티인데 삼성물산 측에서 래미안의 5세대 주거 모델인 넥스트홈을 최초로 적용할 단지로도 알려져 있다. 이는 집 내부 공간을 거주자가 원하는 방향으로 자유롭게 구성할 수 있는 것을 의미하는데 세대 내부 기둥을 없앤 새로운 구조다.

과천 주공10단지는 재건축 사업성이 우수한 것으로도 유명하다. 27평, 33평, 40평의 대지지분이 각각 33평, 41평, 49평일 정도로 크다. 이 정도의 대지지분은 다른 곳에서는 본 적 없는 수준이다. 그만큼 재건축 사업성이 우수할 수밖에 없어 27평 소유주가 신축 40평형으로 가도 추가분담금이 없을 가능성이 크다. 물론 동일 평형으로 이동하면 4~7억 원의 환급금을 받을 수 있다는 추정도 있다. 그 외에도 과천역(4호선) 초역세권인 데다 과천중앙공원과의 접근성이 좋은 것도 장점이다.

과천 주공10단지, 과천 푸르지오써밋

	세대수	입주연월	매매 시세(만 원)	전세 시세(만 원)	용적률
① 과천 주공10단지	632	1984년 6월	239,500	63,500	86%
② 과천 푸르지오써밋	1,571	2020년 3월	212,500	107,500	189%

• 과천 주공10단지 전용 105.27㎡, 과천 푸르지오써밋 전용 84.99㎡(E1-1) 기준

과천 푸르지오써밋은 현재까지 재건축이 완료된 과천 신축 단지 중에 가장 높은 가격을 자랑하는 곳이다. 가장 높은 가격을 자랑한다는 것은 그만한 이

지제역 더샵센트럴시티

세대수	입주연월	매매 시세(만 원)	전세 시세(만 원)	용적률
1,999	2022년 4월	82,500	33,000	199%

• 전용 84.92㎡(A) 기준

유가 있기 마련이다. 우선 과천역, 정부과천청사역(4호선) 더블 역세권이다. 게다가 과천정부청사, 과천시청, 과천경찰서 등 관공서 및 과천 주요 상권과 가깝다. 경기도에서 특목고·자사고 진학률 3위에 해당하는 과천중뿐 아니라 과

호반써밋 고덕신도시

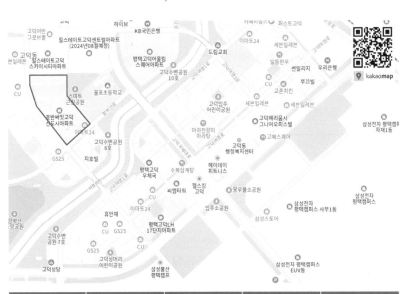

세대수	입주연월	매매 시세(만 원)	전세 시세(만 원)	용적률
658	2021년 10월	71,000	29,250	169%

• 전용 84.90㎡(A) 기준

천외고, 과천여고와도 가까워 학령기 자녀를 둔 가정에 인기가 있는 단지다. 특히 전체 면적 1만 m²에 이르는 방대한 규모의 커뮤니티도 눈에 띈다. 가구 당 커뮤니티 면적이 2.7평에 이르러 웬만한 강남 신축 아파트를 능가한다는 점도 큰 장점이다. 큰 규모의 커뮤니티에다 대로만 건너면 과천중앙공원으로도 갈 수 있다.

평택은 삼성전자가 세계 최대 규모인 870만 평 대지에 조성하고 있는 반도체 공장 영향으로 상용근로자의 증가율이 경기도에서 두 번째로 높은 곳이다.

지제역 더샵센트럴시티는 삼성전자 평택캠퍼스 인근에 있는 신축 대단지다. 특히 평택지제역(1호선, SRT) 주변에서 역과 가장 가까운 단지에다 초등학교(지제초)를 품에 안고 있으며 이마트가 단지 바로 앞에 있어 생활 편의성도 좋다. 신축임에도 용적률이 199%에 불과하다는 점이 눈에 띈다. 중앙광장에 석가산 2개가 연결돼 있고 대형 물놀이터까지 그 규모가 상당하다. 중고등학교가 다소 먼 위치에 있다는 점은 아쉽지만, 평택 대장 아파트이기 때문에 삼성전자 평택캠퍼스 종사자가 늘어날수록 성장성이 뛰어난 곳으로 주목받을 것이다.

호반써밋 고덕신도시는 평택에서 지제역 더샵센트럴시티 다음으로 평당 가격이 높은 단지다. 고덕신도시의 중심부에 있다. 역세권 단지는 아니나 삼성전자 평택캠퍼스 인근에 있어 직주근접 경쟁력을 갖춘 데다 근린상권이 우수하고 초등학교(율포초)와 가깝다. 함박산 중앙공원과도 인접해 환경적으로도 장점이 있는 곳이다. 다만 지제역 더샵센트럴시티와 마찬가지로 중고등학교가 다소 먼 위치에 있다는 점은 아쉽다.

학군

중학교	단지
문원중	과천 위버필드
	과친 자이
귀인중	귀인마을 현대홈타운
과천중	(과천 주공10단지)
신백현중	백현마을5단지
용인한빛중	한빛래미안이스트팰리스4단지

과천 위버필드, 과천 자이

	세대수	입주연월	매매 시세(만 원)	전세 시세(만 원)	용적률
① 과천 위버필드	2,128	2021년 1월	199,500	104,000	227%
② 과천 자이	2,099	2022년 3월	195,000	103,500	221%

• 과천 위버필드 전용 84.98㎡(A), 과천 자이 전용 84.93㎡(A) 기준

경기도에서 2023년 기준 특목고·자사고 진학률 상위 중학교는 문원중, 귀인
중, 과천중, 신백현중, 용인한빛중이다. 그리고 이와 인접한 단지는 과천 위버
필드와 과천 자이, 귀인마을 현대홈타운, 과천 주공10단지, 백현마을5단지,

한빛래미안이스트팰리스4단지다. 과천 주공10단지는 앞서 '직주근접 개선' 추천 단지에도 이름을 올린 바 있어 '학군' 추천 단지에서는 제외했다. 물론 과천 주공10단지는 직주근접 개선 외에 학군도 우수한 단지로 평가할 수 있다. 그리고 문원중 인근 단지로, 즉 과천 위버필드와 과천 자이를 선정한 것은 두 단지의 시세 차이가 거의 나지 않기 때문에 부득이 두 단지를 모두 소개한다.

과천 위버필드와 과천 자이는 과천 신축 단지 중에서 과천 푸르지오써밋에 이어 평당 가격 2위를 다투는 곳이다. 각각 과천 주공2단지와 6단지를 재건축해 2021년과 2022년에 입주한 곳이기도 하다. 두 단지가 배정되는 문원중은 2023년 기준으로 경기도에서 특목고·자사고 진학 비율이 가장 높았다(청심국제중 제외, 문원중의 특목고·자사고 진학률 23%).

과천 위버필드는 이마트 포함 과천 주요 상권과 과천정부청사, 과천시청, 과천경찰서 등 관공서 접근성 면에서 과천 푸르지오써밋과 우열을 가리기 힘들다. 그러나 과천 위버필드의 진정한 호재는 다른 곳에 있다. 지금도 정부과천청사역(4호선) 역세권이지만 GTX-C 역사가 K-water(한국수자원공사) 한강유역본부 앞 삼거리에 들어설 것으로 보여 이 경우 과천 위버필드는 GTX-C 초역세권 단지로 거듭난다. 물론 GTX-C가 언제 개통될지는 미지수이나(정부 목표는 2029년 개통) 일단 거대한 미래 호재가 하나 있는 셈이다. GTX-C도 삼성역을 지나가기에 파급력이 있는 노선이라고 판단할 수 있다.

과천 자이는 과천역(4호선) 역세권 단지로 문원중 접근성 외에도 바로 앞에 초등학교(청계초)와 고등학교(과천고)가 있어 학령기 자녀를 둔 세대에 어필할 포인트가 많은 곳이다. 과천의 다른 단지보다 지하철역과의 거리가 가까운 편이라 할 수 없음에도 높은 시세를 자랑하는 이유가 있다. 바로 '고급화'다. 과천 자이는 고급화에 상당한 공을 들인 단지인데 우선 모든 동에 커튼월룩을

귀인마을 현대홈타운

세대수	입주연월	매매 시세(만 원)	전세 시세(만 원)	용적률
967	2002년 6월	107,500	69,500	317%

• 전용 80.37㎡ 기준

시공했을 뿐만 아니라 내부 조경은 더현대서울 기획 업체가, 외부 조경은 에 버랜드 조경팀이 시공했다. 게다가 국내 최초로 구기 종목의 규격에 맞게 바 닥 라인을 자유자재로 바꿀 수 있는 LED 다목적 체육관을 설치한 것도 눈에 띈다. 그런 고급화의 결과로 2022년 매일경제 살기좋은 아파트 대상, 2022 년 서울 유니버설디자인 어워드 대상을 수상했다.

백현마을5단지

세대수	입주연월	매매 시세(만 원)	전세 시세(만 원)	용적률
584	2009년 10월	182,500	90,000	170%

• 전용 84.70㎡(E1) 기준

귀인마을 현대홈타운은 2023년 기준 경기도에서 특목고·자사고 진학 비율이 두 번째로 높았던 귀인중과 사실상 붙어 있을 정도로 접근성이 뛰어난 곳이다. 자녀들 진학 중학교로 귀인중을 생각하는 부모들에게는 매우 적합한 단지다. 초등학교(귀인초)와 고등학교(백영고)도 길 하나만 건너면 되고 평촌 학원가와도 가까워 여러모로 학령기 자녀가 있는 가구에 매력적이다. 아쉬운 점

한빛래미안이스트팰리스4단지

세대수	입주연월	매매 시세(만 원)	전세 시세(만 원)	용적률
620	2010년 5월	105,000	73,000	171%

• 전용 117.51㎡ 기준

이 있다면 용적률이 높아 재건축이 어렵고 역세권이 아니라는 것이다. 그러나 70%에 육박하는 높은 전세가율, 귀인중과 같은 블록에 있는 유일한 단지라는 점은 귀인마을 현대홈타운이 실수요에 강한 단지라는 점을 되새기게 한다.

백현마을5단지는 2023년 기준 경기도에서 특목고·자사고 진학 비율이 네 번째로 높았던 신백현중 인근 단지 중에서 평당 가격이 가장 높은 단지다. 백현마을5단지의 평당 가격이 높은 것은 판교역(신분당선) 역세권 단지이고 경부고속도로를 바로 탈 수 있어 지하철과 자차 교통 모두 편리하다는 이점 때문이지만, 대로 맞은편에 현대백화점 판교점이 위치한 이유도 크다. 판교역 주변에 각종 편의 시설도 있어 편리함을 자랑한다. 길 하나 건너면 초등학교(신백현초)가 있고 신백현중도 근처에 있어 통학하기 좋다. 2009년 입주 단지라서 구축으로 접어든 아파트이긴 하나 용적률이 170%에 불과해 세월이 지나면 재건축을 시도할 여건이 된다는 점도 긍정적이다.

한빛래미안이스트팰리스4단지는 2023년 기준 경기도에서 특목고·자사고 진학 비율이 다섯 번째로 높았던 용인한빛중 주변 단지 중에서 가장 평당 가격이 높은 곳은 아니나 500세대가 넘는 곳은 한빛래미안이스트팰리스4단지 뿐이라서 추천 단지에 선정했다. 용인한빛중은 한빛래미안이스트팰리스 1~4단지와 더샵동천포레스트 아이들이 통학하는 단지로, 균질성이 확보된 것이 장점인 학교다. 상대적으로 역과 멀지만 한빛래미안이스트팰리스4단지는 대형 평형으로 구성돼 있고 근처에 근린공원이 있다. 단지 배후에는 산이 있어 높은 삶의 질을 누릴 수 있다. 특히 단지 뒤에 있는 타운하우스 6개 동(힐하우스)은 61평부터 98평까지 평형으로 구성돼 있는데 다른 세계에 있는 듯한 풍경을 자아낸다.

대형 백화점

백화점	단지
현대 판교점	(판교 푸르지오그랑블)
신세계 경기점	현암마을 동성2차
갤러리아 광교점	(광교 중흥S클래스)

2023년 기준으로 경기도 매출 상위 3개 백화점은 현대백화점 판교점, 신세계

현암마을 동성2차

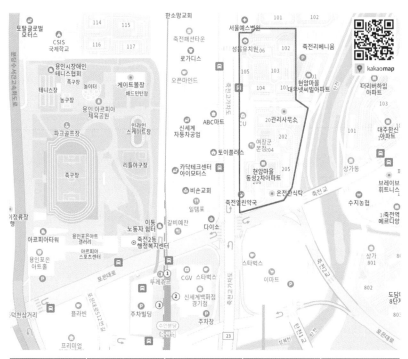

세대수	입주연월	매매 시세(만 원)	전세 시세(만 원)	용적률
838	1999년 5월	69,000	43,000	238%

• 전용 84.99㎡ 기준

백화점 경기점, 갤러리아백화점 광교점이다. 그리고 해당 백화점 반경 500m 내의 단지 중에 평당 가격이 가장 높은 곳은 각각 판교 푸르지오그랑블, 현암 마을 동성2차, 광교 중흥S클래스다. 판교 푸르지오그랑블, 광교 중흥S클래스 는 직주근접 경쟁력이 높은 단지로 추천했는데 대형 백화점 주변 추천 단지에도 선정됐다. 판교 푸르지오그랑블과 광교 중흥S클래스의 입지는 이미 설명했기 때문에 현암마을 동성2차만 알아보기로 하겠다.

현암마을 동성2차는 경기도에서 두 번째로 매출이 많은 백화점인 신세계백화점 경기점에 가장 인접한 아파트다. 죽전역(수인분당선) 역세권 단지인 데다 대로 하나만 건너면 신세계백화점 경기점뿐 아니라 이마트까지 갈 수 있어 생활 편의성이 대단히 좋다. 단지가 탄천과 가깝고 단지 인근에 축구장, 리틀야구장, 농구장, 테니스장 등을 갖춘 용인 아르피아 체육공원이 있는 점도 거주자들의 삶의 질을 높이는 요소다. 다만 초중고가 다소 멀리 있고, 용적률이 높아 인근 단지(동성1차, 대우넷씨빌)와 함께 통합 리모델링을 추진 중이나 갈 길이 먼 것은 아쉬운 점이다.

대형 병원

병원	단지
분당 서울대병원	까치마을1단지 대우롯데선경
아주대병원	광교 두산위브
순천향대 부천병원	포도마을 삼보영남

경기도에서 병상 규모 상위 3개 병원은 분당 서울대병원, 아주대병원, 순천향대 부천병원이다. 그리고 해당 병원의 주변 500m 내 단지 중에 평당 가격이 높은 곳은 각각 까치마을1단지 대우롯데선경, 광교 두산위브, 포도마을 삼보영남이다.

까치마을1단지 대우롯데선경

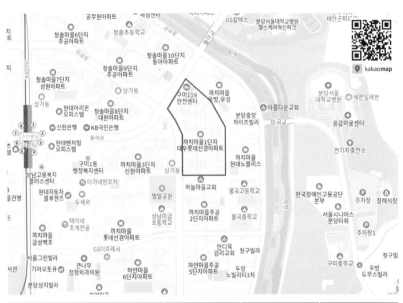

세대수	입주연월	매매 시세(만 원)	전세 시세(만 원)	용적률
976	1995년 11월	130,000	67,500	145%

• 전용 84.79㎡ 기준

까치마을1단지 대우롯데선경은 분당 서울대병원 주변 500m 내 단지 중
평당 가격이 가장 높다. 분당 서울대병원은 1,300병상 이상을 보유하고 있는
대형 병원으로 경기도에서 병상이 제일 많다. 경기 남부권 인구가 계속 늘어
가는 상황에서 규모가 가장 큰 병원이 마침 분당 서울대병원이다. 대형 병원
이니만큼 까치마을1단지 대우롯데선경은 병원 임직원들의 매매, 임차 수요
가 기대되는 단지이기도 하다.

광교 두산위브

세대수	입주연월	매매 시세(만 원)	전세 시세(만 원)	용적률
547	2018년 5월	–	–	323%

• KB부동산 시세 미기재

까치마을1단지 대우롯데선경은 미금역(신분당선, 수인분당선) 준역세권 단지
로, 단지 인근에 분당 서울대병원 외에도 초중고(성남미금초, 불곡중, 불곡고)와 탄
천도 있다. 용적률 145%로 자체적으로도 우수한 재건축 사업성을 가지고 있
으나 규모의 경제를 위해 까치마을1·2단지, 하얀마을5단지가 통합 재건축을
추진 중이며, 교보자산신탁과 신탁방식 재건축 추진 업무 협약을 체결했다.
이는 빠른 재건축에 유리한 방식이다. 3개 단지를 통합하면 2,523세대에 용
적률 142%로 우수한 사업성을 자랑하는 만큼, 재건축 완료 후 분당의 랜드마

포도마을 삼보영남

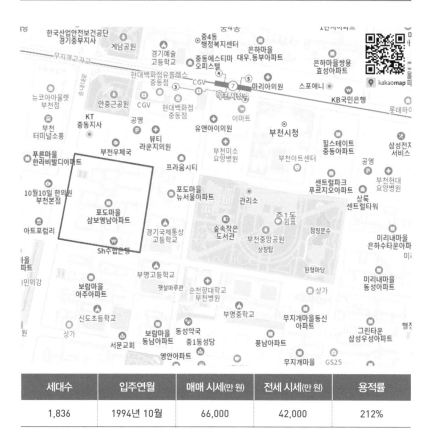

세대수	입주연월	매매 시세(만 원)	전세 시세(만 원)	용적률
1,836	1994년 10월	66,000	42,000	212%

• 전용 84.85㎡ 기준

크가 될 잠재력이 있는 곳이다.

광교 두산위브는 실버아파트로 만 60세만 전입이 가능하다. 그럼에도 굳이 이 단지를 추천 단지로 삼은 것은 아주대병원 접근성이 아주 좋은 곳이기 때문이다. 아주대병원까지는 300m, 아주대 요양병원까지는 200m도 되지 않아서 고령층에 인기가 많을 수밖에 없다. 거주자들이 60세 이상이기 때문에 계단 없이 경사로를 따라 진입할 수 있고, 아파트 뒤편에 산으로 이어지는 산책로와 호수공원으로 가는 길이 있다. 주변 상권은 발달하지 않았으나 차로 5분 거리에 갤러리아백화점 광교점과 롯데아울렛 광교점이 있어서 큰 문제는 되지 않는다. 거래가 많은 편은 아니나 광교 중심부 아파트와 비교했을 때 절반 정도 되는 시세를 기록하고 있다.

포도마을 삼보영남은 1,000병상 수준의 대형 병원인 순천향대 부천병원 주변 500m 내 단지 중 평당 가격이 가장 높은 곳이다. 부천시청역(7호선) 역세권 단지이기도 하며 바로 옆에는 단지보다 더 큰 규모의 부천중앙공원이 있다. 역 이름에서 알 수 있듯이 인근에 부천시청이 있으며 현대백화점 중동점과 뉴코아아울렛 부천점, 이마트와 홈플러스도 있어 쇼핑하기 매우 편리하다. 단지 바로 앞에 고등학교(부명고, 경기국제통상고)가 있으며 초등학교(신도초)도 멀지 않다. 재건축 연한에 달했음에도 용적률이 높아 재건축 사업성이 좋지 못한 점은 아쉽다.

신축 대단지

규모	단지
1위	e편한세상 금빛그랑메종
2위	산성역 자이푸르지오
3위	래미안 안양메가트리아

경기도에서 입주한 지 10년 이내 단지 중에 세대 규모가 가장 큰 곳은 e편한

e편한세상 금빛그랑메종

세대수	입주연월	매매 시세(만 원)	전세 시세(만 원)	용적률
5,320	2023년 6월	97,500	54,000	256%

• 1단지 전용 74.62㎡(A) 기준

세상 금빛그랑메종, 산성역 자이푸르지오, 래미안 안양메가트리아다. e편한세상 금빛그랑메종은 워낙 단지 규모가 크다 보니 매매 시세와 전세 시세는 세대수가 가장 많은 1단지의 시세를 인용했다. 평택 센트럴자이가 5,630세대로 가장 큰 규모를 자랑하나, 실제 1~5단지가 4차선 대로로 나뉘어 있고 입주 시기도 달라 같은 단지로 보기가 어려워서 추천 단지 대상에서 배제했다.

e편한세상 금빛그랑메종은 경기도에서 입주한 지 10년 이내 단지 중에서

산성역 자이푸르지오

세대수	입주연월	매매 시세(만 원)	전세 시세(만 원)	용적률
4,774	2023년 10월	–	–	263%

• KB부동산 시세 미기재 • 전용 84㎡ 기준 2024년 3분기 평균 실거래가 : 매매 11억 7,500만 원, 전세 5억 6,875만 원

최대 규모 신축 대단지로 금광1구역을 재개발한 곳이다. 단대오거리역(8호선) 역세권 단지이며 단대오거리역과 단지 사이에 단대전통시장이 있다. 단지 규모가 크다 보니 2개의 초등학교(단남초, 금상초)를 품에 안고 있는 초품아이기도 하다. 조경과 커뮤니티도 단지 규모에 걸맞게 충실하며 체육관도 있다. 단지

래미안 안양메가트리아

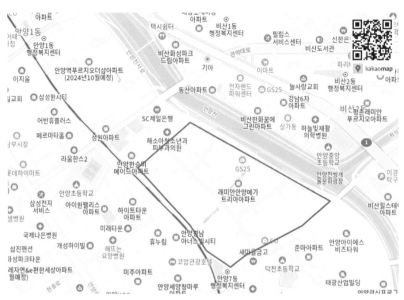

세대수	입주연월	매매 시세(만 원)	전세 시세(만 원)	용적률
4,250	2016년 10월	88,500	52,000	244%

• 전용 84.70㎡(A) 기준

동쪽에는 단지보다 더 큰 규모의 황송공원이 자리한다. 다만 남학생이 다닐 수 있는 고등학교가 멀고 단지 안팎으로 경사가 있는 점은 아쉽다.

산성역 자이푸르지오는 신흥2구역을 재개발한 신축 대단지로 인근에서 가장 신축이다. 언덕배기 빌라촌이 산성역 포레스티아(4,089세대, 2020년 7월 입주), 산성역 자이푸르지오(4,774세대, 2023년 10월 입주), 산성역 헤리스톤(3,487세대, 2027년 12월 입주 예정) 신축 아파트의 숲으로 바뀌고 있다.

산성역 자이푸르지오는 산성역(8호선) 준역세권 단지이며 단지 바로 앞에 초등학교(희망초)와 단지 규모에 필적하는 희망대공원이 있다. 단지 밖이 정비되고 있는 것 외에도 단지 안 역시 작정한 듯 조경과 인프라에 신경을 쓴 구석이 역력하다. 특히 수목원을 연상시키는 각종 조형물과 수경 시설의 규모가 놀랍다. e편한세상 금빛그랑메종과 마찬가지로 경사가 있고 고등학교가 멀리 있는 것은 아쉽다.

래미안 안양메가트리아는 경기도에서 입주한 지 10년 미만인 단지 중에 세 번째로 큰 신축 대단지이자 래미안 단일 브랜드로는 국내 최대 단지다. 래미안이 시공한 단지답게 조경이 훌륭하며 특히 수경 시설이 많아 단지 내부를 즐기기에 충분하다. 대형 단지답게 2개의 초등학교(덕천초, 안양초)가 남쪽과 서쪽에 있으며, 북동쪽으로는 안양천이 있어 쾌적한 환경을 제공한다. 주변 상권도 충실한 편이다. 그러나 역세권이라고 보기에는 어려운 입지다. 안양역 푸르지오더샵(2,736세대, 2024년 10월 입주)과 안양 어반포레자연&e편한세상(2,329세대, 2025년 1월 입주) 때문에 전세가가 당분간 약세를 보이겠으나 이후 일대에 이른 시일 내 입주가 예정인 곳은 없다.

직주근접

역	단지
반월당	남산 롯데캐슬센트럴스카이
동대구	이안센트럴D
	동대구역 화성파크드림
중앙로	힐스테이트 대구역

대구에서 2024년 1분기 출근시간대 하차 인원이 가장 많은 역은 반월당역, 동대구역, 중앙로역 순이었다. 해당 역 반경 500m 내 단지 중에서 평당 가격이 가장 높은 곳은 남산 롯데캐슬센트럴스카이, 이안센트럴D, 동대구역 화성파크드림, 힐스테이트 대구역이다. 동대구역 추천 단지에 두 곳을 선정한 것은 이안센트럴D와 동대구역 화성파크드림의 매매 시세가 거의 비슷해 우열

남산 롯데캐슬센트럴스카이

세대수	입주연월	매매 시세(만 원)	전세 시세(만 원)	용적률
987	2021년 9월	77,400	37,500	280%

• 전용 84.93㎡(A) 기준

을 가리기 힘들었기 때문이다.

남산 롯데캐슬센트럴스카이는 대구에서 출근시간대 하차인원 1위인 반월
당역(1·2호선) 준역세권 단지일 뿐 아니라 한 정거장 떨어진 청라언덕역 역세
권 단지다. 뒤에도 언급되지만 남산 롯데캐슬센트럴스카이의 장점은 이뿐만
이 아니다. 대형 백화점에 해당하는 더현대백화점 대구점뿐 아니라 대형 병원

이안센트럴D, 동대구역 화성파크드림

	세대수	입주연월	매매 시세(만 원)	전세 시세(만 원)	용적률
① 이안센트럴D	999	2021년 9월	64,750	33,500	341%
② 동대구역 화성파크드림	1,079	2023년 6월	63,000	31,500	297%

• 이안센트럴D 전용 84.98㎡(A), 동대구역 화성파크드림 전용 84.81㎡(A) 기준

은 아니나 계명대 대구동산병원과도 가깝다. 다섯 가지 추천 기준(직주근접, 학군, 대형 백화점, 대형 병원, 신축 대단지) 중에 두 가지 이상에 해당하는 단지인 셈이다. 그만큼 입지가 뛰어나다고 할 수 있다. 세대수도 987세대로 작지 않을 뿐 아니라 초등학교(남산초)도 단지 바로 옆에 있다.

힐스테이트 대구역

세대수	입주연월	매매 시세(만 원)	전세 시세(만 원)	용적률
803	2023년 11월	–	–	690%

• KB부동산 시세 미기재 • 전용 84㎡ 기준 2024년 3분기 평균 실거래가 : 매매 無, 전세 3억 6,000만 원

　이안센트럴D와 동대구역 화성파크드림은 표에서 보듯 매매 시세가 거의 동등한 수준일 만큼 우열을 가리기 힘든 곳이다. 이 두 단지는 대구에서 출근 시간대 하차 인원 2위인 동대구역(1호선) 역세권 신축이기도 하다. 물론 동대구역 자체가 1호선뿐 아니라 KTX도 정차하기 때문에 출근시간대 하차 인원

이 많다고 해서 반드시 직장이 많다는 이야기는 아니다. 그러나 이안센트럴D와 동대구역 화성파크드림은 또 하나의 장점이 있으니 바로 대구에서 가장 매출이 많은 백화점, 신세계백화점 대구점과 가깝다는 것이다. 이는 곧 이안센트럴D와 동대구역 화성파크드림이 직주근접과 대형 백화점, 두 가지 기준을 충족하는 단지라는 이야기다. 게다가 대구 전역으로 이동할 수 있는 버스 노선도 다양하다. 다만 주변에 중고등학교가 없어 학원가가 부족한 것은 단점이다.

힐스테이트 대구역은 대구에서 출근시간대 하차 인원 3위에 해당하는 중앙로역(1호선) 역세권 단지다. 게다가 대구역(1호선) 역세권 단지도 될 뿐만 아니라 매출이 전국 상위 30위 안에 들지 못해 대형 백화점 추천 단지로 꼽을 수는 없지만, 인근에 롯데백화점 대구점도 있다. 무엇보다 단지에서 조금만 가면 대구에서 가장 번화가인 동성로와 가까워서 인프라를 즐기기에 편리한 곳이라고 할 수 있다. 번화가에 인접한 만큼 주변 인프라는 훌륭하나, 반대로 말하면 자녀들의 면학 분위기 조성에는 도움이 되지 않는다. 단지 주변에 다수 존재하는 근·현대적 건물들이 독특하고도 고즈넉한 분위기를 자아낸다.

학군

중학교	단지
경신중	–
학산중	월성 삼정그린코아에듀파크
다사중	다사역 금호어울림센트럴

대구에서 2023년 기준으로 특목고·자사고 진학률이 가장 높았던 중학교는

월성 삼정그린코아에듀파크

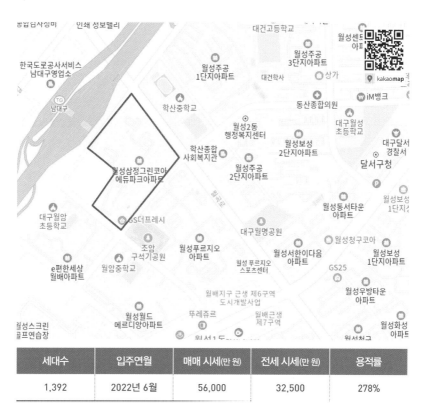

세대수	입주연월	매매 시세(만 원)	전세 시세(만 원)	용적률
1,392	2022년 6월	56,000	32,500	278%

• 전용 84.67㎡(A) 기준

경신중, 학산중, 다사중이다. 그리고 해당 중학교 주변 500m 내 평당 가격이 가장 높은 아파트를 추천 단지로 삼는데, 경신중 주변에는 500세대 이상 아파트가 없어 추천 단지를 선정하지 않았다(경신중 주변 단지 중에서는 신축에 속하는 힐스테이트 범어의 평당 가격이 가장 높다. 다만 단지 규모는 414세대에 불과하다). 같은 기준으로 학산중은 월성 삼정그린코아에듀파크, 다사중은 다사역 금호어울림센

다사역 금호어울림센트럴

세대수	입주연월	매매 시세(만 원)	전세 시세(만 원)	용적률
869	2023년 3월	50,500	29,000	352%

• 전용 84.90㎡(A) 기준

트럴을 추천 단지로 선정했다.

　월성 삼정그린코아에듀파크는 대구에서 두 번째로 특목고·자사고 진학률이 높은 학산중 주변 단지 중에 가장 평당 가격이 높다. 학산중에 붙어 있는 입지도 입지거니와 주변 단지 중에서 가장 신축인 점도 평당 가격에 반영됐다. 남대구 IC가 근처라 자차 교통이 편리하고 단지 주변에 유해 시설이 없는 데다 양질의 학원들이 가까워 학령기 자녀들이 있는 가정에 적합하다. 다만 역세권이 아니고 최근에 지어진 신축의 일반적인 모습과는 달리 단지 지상에도 주차장이 있는 점은 아쉽다.

다사역 금호어울림센트럴은 대구에서 세 번째로 특목고·자사고 진학률이 높은 다사중 주변에서 평당 가격이 가장 높다. 아무래도 다사중 인근 단지 중에서 가장 신축인 점이 크게 영향을 미쳤다. 다사역 금호어울림센트럴은 다사중 배정 단지인 것도 장점이지만 다사역(2호선) 초역세권 단지라는 점이 돋보인다. 초등학교에 갈 때 도로를 건너야 하나 단지 뒤편이라 교통량이 적다. 게다가 단지에서 도로 하나만 건너면 다사근린공원과 달성문화센터 수영장을 누릴 수 있고 거기서 조금 더 나아가면 금호강을 접할 수 있다.

대형 백화점

백화점	단지
신세계 대구점	(이안센트럴D)
	(동대구역 화성파크드림)
더현대 대구점	(남산 롯데캐슬센트럴스카이)

2023년 매출 기준으로 전국 30위 안에 드는 대구 백화점은 신세계백화점 대구점과 더현대백화점 대구점이다. 다만 해당 점포 주변 500m 내 추천 단지는 이안센트럴D, 동대구역 화성파크드림과 남산 롯데캐슬센트럴스카이다. 해당 단지들은 이미 직주근접 추천 단지로 선정했기 때문에 대구의 대형 백화점 주변 추천 단지에서 제외했다.

대형 병원

병원	단지
칠곡 경북대병원	학정 청아람
영남대병원	교대역 하늘채뉴센트원
계명대 동산병원	삼성한국형

대구에서 500병상 이상 대형 병원 중 톱3는 칠곡 경북대병원, 영남대병원, 계명대 동산병원이다. 그리고 해당 병원 반경 500m 내 평당 가격이 높은 단지는 학정 청아람, 교대역 하늘채뉴센트원, 삼성한국형이다.

학정 청아람은 1,000병상 이상을 보유하고 있는 칠곡 경북대병원과 가장 가까운 단지다. 대구체육고와 경상북도 인재개발원도 가까이에 있다. 주변에 아파트는 적으나 대형 병원이 있는 만큼 상권은 충실한 편이다.

인근에 두산위브더제니스센트럴시티(1,098세대)가 2027년 6월 입주할 예정이다. 칠곡 경북대병원 인근 500m 내의 아파트가 학정 청아람뿐이었는데 그 희소성이 2027년에 사라진다.

교대역 하늘채뉴센트원은 1,000병상 이상을 보유하고 있는 영남대병원과 가장 인접한 신축일 뿐 아니라 교대역(1호선) 초역세권 단지이기도 하다. 지도에서 보다시피 단지 주변을 남대구초, 경상중, 대구고, 영남대, 대구교대 등 각급 학교가 둘러싸고 있어 학부모뿐 아니라 교직원 수요도 기대되는 곳이다. 아파트 주변이 탁 트인 학교 뷰를 자랑하는 대표적인 학세권인 셈이다.

초역세권인 데다 인근에 학교가 많아 상권 역시 충실하다. 1호선으로 두 정거장, 세 정거장이면 대구 출근시간대 하차 인원 1·3위인 반월당역, 중앙로역에 갈 수 있다. 주변에 학교가 많으나 초등학교(남대구초)까지 거리가 다소 먼

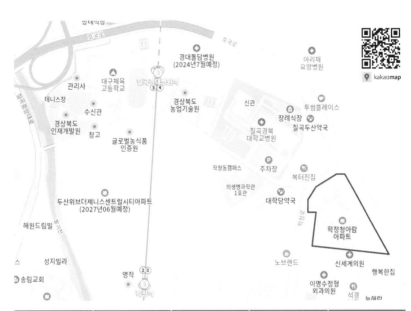

세대수	입주연월	매매 시세(만 원)	전세 시세(만 원)	용적률
943	2007년 11월	28,250	22,500	223%

• 전용 84.66㎡(A) 기준

점은 아쉽다.

삼성한국형은 1,000여 병상을 소유하고 있는 계명대 동산병원과 대로 하나를 사이에 두고 있는 곳으로 병세권 단지다. 그뿐 아니라 강창역(2호선) 초역세권 단지이기도 하다.

초등학교(파호초)를 품에 안고 있을 뿐만 아니라 길 건너편에도 초등학교(호산초)와 고등학교(호산고)가 있다. 계명대 동산병원뿐 아니라 계명대의 광활한

교대역 하늘채뉴센트원

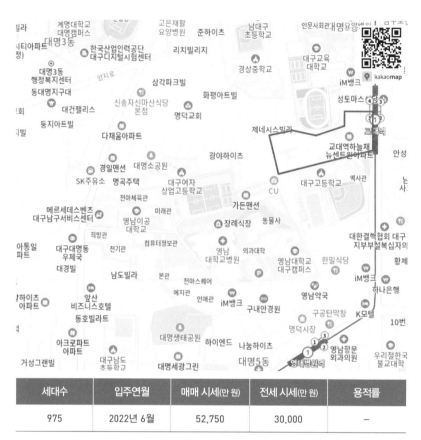

세대수	입주연월	매매 시세(만 원)	전세 시세(만 원)	용적률
975	2022년 6월	52,750	30,000	–

• 전용 84.64㎡ 기준

캠퍼스가 단지 바로 앞에 펼쳐져 있고 단지 주변을 강창근린공원, 호산근린공원, 희성전자 야구장 등이 둘러싸고 있어 쾌적한 환경을 자랑한다. 다만 재건축 연한이 다가오고 있으나 높은 용적률로 인해 정비사업을 추진하기가 쉽지

삼성한국형

세대수	입주연월	매매 시세(만 원)	전세 시세(만 원)	용적률
1,709	1999년 11월	25,500	17,750	229%

• 전용 84.91㎡(A) 기준

않은 점, 중학교(신당중)가 1.5km가량 떨어져 있는 점이 단점이라면 단점이다.

신축 대단지

규모	단지
1위	대구 월배2차아이파크
2위	에코폴리스 동화아이위시3차
3위	월배삼정그린코아포레스트

대구에서 입주한 지 10년 미만인 단지 중에 세대수 규모가 가장 큰 단지는 대구 월배2차아이파크, 에코폴리스 동화아이위시3차, 월배삼정그린코아포레스트다. 해당 단지들을 좀 더 자세히 살펴보자.

대구 월배2차아이파크와 월배삼정그린코아포레스트는 대구에서 입주한 지 10년 미만된 신축 단지 중에 규모로는 첫 번째와 세 번째에 해당하는 곳이다. 두 단지가 붙어 있어서 편의상 함께 소개하고자 한다. 대구 월배2차아이파크가 단지 규모는 조금 더 크나 월배삼정그린코아포레스트가 5년 늦게 입주해서 보다 신축이므로 매매가와 전세가 모두 월배삼정그린코아포레스트가 앞선다.

대구 월배2차아이파크는 외벽이 독특한 것으로 알려져 있다. 회색 바탕에 노랑, 주황, 파랑, 초록색이 알록달록 배치돼 있다. 세계적인 건축그룹 UN Studio에서 디자인한 점을 강점으로 내세워, 단지명 아래에 'Designed by UN Studio'라고 적혀 있다. 단지 안에 차가 다니지 않는 점은 월배삼정그린코아포레스트와 비교했을 때 장점이다. 조경에 상당히 신경을 썼으며, 초등학교(용천초)뿐 아니라 유치원, 어린이집까지 있어 아이들을 키우기에 좋은 단지다. 수영장이 있는 등 커뮤니티도 나름대로 충실하다.

월배삼정그린코아포레스트는 한 가지 호재가 있는데 단지 바로 옆 부지에

대구 월배2차아이파크, 월배삼정그린코아포레스트

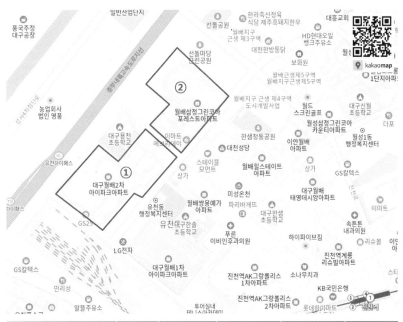

	세대수	입주연월	매매 시세(만 원)	전세 시세(만 원)	용적률
① 대구 월배2차아이파크	2,134	2016년 6월	51,500	29,000	279%
② 월배삼정그린코아 포레스트	1,533	2021년 11월	61,000	32,000	279%

• 대구 월배2차아이파크 전용 84.54㎡(C), 월배삼정그린코아포레스트 전용 84.54㎡(A) 기준

중학교(영남중)가 이전해온다는 점이다. 초등학교(용천초)도 길 하나 건너면 바로 다다를 수 있는데 중학교(영남중)가 단지 바로 옆에 들어서는 것이기 때문에 학령기 자녀를 둔 가정에 적합한 곳으로 거듭난다. 단지 1층 상가에 다양한 가게가 입점해 있으며, 바로 옆 선돌마당 근린공원에는 달서구청이 무료로 운영

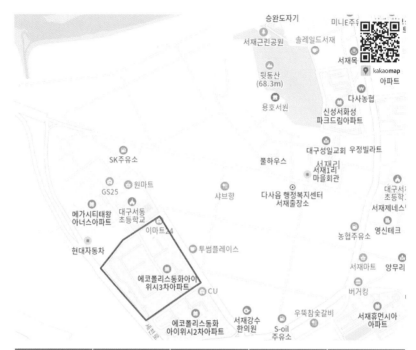

세대수	입주연월	매매 시세(만 원)	전세 시세(만 원)	용적률
1,553	2017년 7월	31,000	21,500	290%

• 전용 84.97㎡ 기준

하는 물놀이장도 있는데 탈의실과 화장실도 갖추는 등 규모가 커서 생활 편의
성이 좋다.

에코폴리스 동화아이위시3차는 대구에서 입주한 지 10년 미만인 단지 중
에 두 번째로 규모가 크다. 각 동이 놀이터, 분수, 미니 축구장 등을 감싸는 형

태로 배치된 점이 독특하다. 단지 바로 북쪽에는 초등학교(서동초)가 있다.

위탁관리업체 우리관리가 실시하는 '관리비 절감 및 서비스 개선 사례 경진대회'에서 최우수상을 받을 정도로 입주자대표회의(입대의) 및 관리사무소 직원들이 적극적으로 소통하고 있다. 계획대로 2025년에 대구산업선이 착공하면 2028년에는 단지 인근에 서재세천역이 개통하면서 새로운 역세권 단지로 거듭난다. 이 경우 KTX가 다니는 서대구역까지 한 정거장이면 갈 수 있다.

직주근접

지역	단지
중구	스카이시티 자이
	영종국제도시 화성파크드림1차
	e편한세상 영종국제도시오션하임
연수구	송도 더샵파크애비뉴
	송도 더샵퍼스트파크(F15BL)
	송도 더샵퍼스트파크(F14BL)

인천은 인천 1·2·7호선이 시간대별 하차 인원을 제공하지 않고 있어 부득이 경기와 마찬가지로 구별 상용근로자 수 및 증가율을 고려해서 추천 단지를 선정했다. 2021년부터 2023년까지 상용근로자 증가율을 연평균 증가율(CAGR)로 계산해보면 중구, 동구, 연수구 순이나 동구는 상용근로자의 절대적

지역	2021년	2022년	2023년	CAGR
중구	92	104	107	7.8%
동구	19	18	21	5.1%
연수구	92	89	101	4.8%
남동구	156	156	146	−3.3%
부평구	95	97	94	−0.5%
계양구	46	52	49	3.2%
서구	162	155	164	0.6%
미추홀구	66	64	67	0.8%
강화군	12	13	12	0.0%
옹진군	5	4	4	−10.6%

• 단위 : 천 명   • 출처 : 통계청

인 숫자 자체가 적어서 중구와 연수구로 범위를 좁혔다. 그리고 중구와 연수구에서 평당 가격이 높은 단지 각 세 곳을 선정해 추천 단지로 삼았다.

인천에서 가장 빠르게 상용근로자 수가 증가하고 있는 중구, 그 안에서 평당 가격이 가장 높은 신축 단지는 스카이시티 자이이다. 영종국제도시 화성파크드림1차와 e편한세상 영종국제도시오션하임이 비슷한 평당 가격을 형성하고 있다.

스카이시티 자이는 영종도 중앙상권과 마주보는 장점이 돋보인다. 사실상 슬세권이라고 해도 무방한 수준이다. 단지 조경도 훌륭해서 특히 중앙에 있는 엘리시안 가든이 품격과 쾌적함을 보여준다. 대로 하나만 건너면 단지와 비슷한 규모의 영종하늘체육공원을 누릴 수 있다.

영종국제도시 화성파크드림1차는 넓은 공원(박석공원)에 둘러싸여 있으며

스카이시티 자이, 영종국제도시 화성파크드림1차, e편한세상 영종국제도시오션하임

	세대수	입주연월	매매 시세(만 원)	전세 시세(만 원)	용적률
① 스카이시티 자이	1,034	2018년 7월	52,000	30,000	241%
② 영종국제도시 화성파크드림1차	657	2019년 9월	47,500	28,000	229%
③ e편한세상 영종국제도시오션하임	1,520	2018년 12월	48,000	29,500	199%

• 스카이시티 자이 전용 91.83㎡(A), 영종국제도시 화성파크드림1차 전용 84.73㎡(A), e편한세상 영종국제도시오션하임 전용 84.97㎡
(A) 기준

중앙상권과의 접근성도 뛰어나다. 영종하늘도서관과 가까워 교육 환경이 좋고 단지 연못에서 뿜어져 나오는 분수의 향연도 시각적 아름다움을 선사한다.

e편한세상 영종국제도시오션하임은 중앙상권과는 다소 거리가 있으나 초

송도더샵파크애비뉴, 송도더샵퍼스트파크(F15BL, F14BL)

	세대수	입주연월	매매 시세(만 원)	전세 시세(만 원)	용적률
① 송도더샵파크애비뉴	668	2018년 11월	115,000	46,500	313%
② 송도더샵퍼스트파크 (F15BL)	872	2017년 11월	110,000	40,000	316%
③ 송도더샵퍼스트파크 (F14BL)	869	2017년 11월	100,000	41,000	317%

• 송도더샵파크애비뉴 전용 84.05㎡(A), 송도더샵퍼스트파크 F15BL, F14BL 전용 84.90㎡(A) 기준

등학교(중산초)가 단지에 붙어 있으며 중고등학교(중산중, 중산고)도 단지 인근에 있다. 앞서 언급한 두 단지와 대비되는 장단점이다. 특히 영종국제도시에서 초중고가 이렇게 모두 가까이 있는 단지는 e편한세상 영종국제도시오션하임이 사실상 유일하다. 단지 인근에 영종과 청라를 잇는 제3연륙교가 2025년

개통 예정인 점도 호재다.

　인천에서 세 번째로 상용근로자 수 증가 폭이 큰 곳은 송도신도시가 위치한 연수구다. 그리고 송도신도시에서 평당 가격이 가장 높은 곳은 공교롭게도 단지가 모두 맞닿은 송도더샵파크애비뉴, 송도더샵퍼스트파크(F15BL, F14BL)다. 즉, 이곳이 송도에서 가장 입지가 좋은 곳이라고 할 수 있다. 그 안에서도 송도더샵파크애비뉴가 평당 가격이 가장 높은데 그 이유로는 우선 인천대입구역(인천1호선) 초역세권인 점을 들 수 있다. 그리고 단지 바로 앞에 롯데백화점에서 야심 차게 준비 중인 복합쇼핑몰 '타임빌라스'가 2026년 개점을 목표로 하고 있으며 이랜드몰 역시 2026년 개점 예정이다. 송도컨벤시아와 롯데마트, 송도센트럴파크의 접근성도 우수하다. 단지 남동쪽에 도로 하나만 건너면 초등학교(송일초)가 있는 것도 장점이다. 송도의 대장 아파트라고 불릴 만한 입지인데 GTX-B까지 개통될 경우 추가적인 입지 개선이 기대된다. 송도의 현재와 미래인 셈이다.

　송도더샵퍼스트파크 F15BL과 F14BL도 송도더샵파크애비뉴와 같은 호재를 공유하지만 거리가 조금 떨어져 있어 매매가와 전세가가 송도더샵파크애비뉴보다 조금 낮다. 그러나 기본적으로 해당 호재를 공유하고 있어서 호재가 실현될수록 송도더샵퍼스트파크 F15BL과 F14BL 역시 탄력을 받을 것이다. F15BL과 F14BL 남쪽 부지에 영국 명문 해로우 스쿨 유치를 추진하고 있는데 이것도 진척될 경우 작지 않은 호재가 될 것이다.

학군

중학교	단지
신정중	송도 더샵8단지그린애비뉴
예송중	더샵 송도프라임뷰20BL
박문중	송도 롯데캐슬
공항중	풍림아이원1차
능허대중	송도 글로벌파크베르디움

인천에서 2023년 기준으로 특목고·자사고 진학률이 가장 높은 중학교 톱5
는 신정중, 예송중, 박문중, 공항중, 능허대중이었다. 이에 따라 해당 중학교
주변에서 평당 가격이 가장 높은 곳을 추천 단지로 삼기로 했다.

송도 더샵8단지그린애비뉴는 인천에서 특목고·자사고 진학률이 가장 높
은 신정중 주변 500m 내 단지 중에 평당 가격이 가장 높다. 송도 더샵7단지
그린애비뉴와 동등한 시세를 기록하고 있으나 8단지의 세대수가 더 많아 해
당 단지를 추천 단지로 선정했다.

송도 더샵8단지그린애비뉴가 위치한 곳은 송도신도시에서도 '학군지'라고
불리는 지역이다. 특히 단지 북쪽에는 신정중뿐 아니라 초등학교(명선초)와 고
등학교(포스코고, 연송고), 남쪽에는 채드윅 송도국제학교가 위치해 학군지로서
의 명성을 드높이고 있다. 그만큼 단지 주변 상가에 학원들도 즐비하다. 송도
에 직장이 있으면서 학령기 자녀들이 있는 집안이라면 최고의 입지라고 해도
과언이 아니다. 단지 북쪽의 학교들을 지나치면 마주하는 달빛공원도 쾌적함
을 자랑한다.

더샵 송도프라임뷰20BL은 인천에서 두 번째로 특목고·자사고 진학률이
높은 예송중 주변 단지 중에 평당 가격이 가장 높은 곳이다. KB부동산 시세

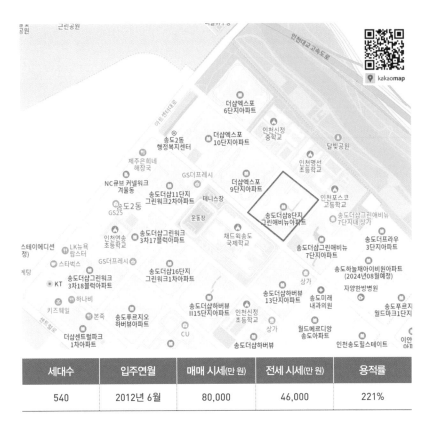

세대수	입주연월	매매 시세(만 원)	전세 시세(만 원)	용적률
540	2012년 6월	80,000	46,000	221%

• 전용 84.99㎡ 기준

는 아직 없으나 전용면적 84m² 실거래가가 가장 높다. 역세권이라고 할 수는 없지만 단지 북쪽에 초등학교(예송초), 단지 남쪽에 예송중뿐 아니라 고등학교 예정지와 인천과학예술영재학교도 있다. 그리고 앞서 송도 더샵퍼스트파크 F15BL과 F14BL을 설명할 때도 언급했으나 단지 동쪽 부지에 영국 명문 해

더샵 송도프라임뷰20BL

세대수	입주연월	매매 시세(만 원)	전세 시세(만 원)	용적률
662	2022년 7월	–	–	209%

· KB부동산 시세 미기재 · 전용 84㎡ 기준 2024년 3분기 평균 실거래가 : 매매 無, 전세 4억 4,200만 원

로우 스쿨 유치도 추진하고 있는 데다 단지 남동쪽에 송도국제도시 도서관도 개관할 예정이라 학군지로서의 가치가 더욱 높아질 가능성이 있다. 상당수의 동과 층에서 골프장과 바다를 조망할 수 있다는 점도 장점이다. 게다가 신축 치고 용적률도 낮다.

송도 롯데캐슬

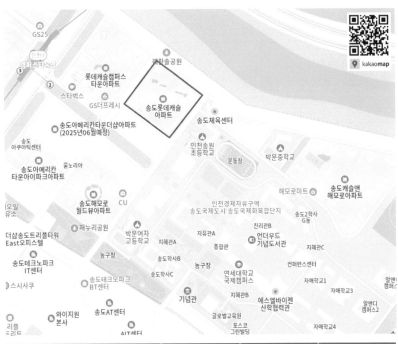

세대수	입주연월	매매 시세(만 원)	전세 시세(만 원)	용적률
643	2012년 10월	76,000	40,000	219%

• 전용 84.99㎡(C) 기준

　송도 롯데캐슬은 인천에서 세 번째로 특목고·자사고 진학률이 높은 박문
중 주변 단지 중에서 평당 가격이 가장 높다. 단지 바로 서쪽에 있는 롯데캐슬
캠퍼스타운이 송도 롯데캐슬보다 세대 규모도 크고 신축인 데다 평당 가격도
높으나 박문중과의 거리가 500m를 벗어나 추천 단지에서 제외했다.

풍림아이원1차

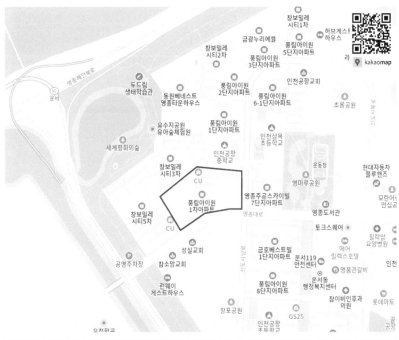

세대수	입주연월	매매 시세(만 원)	전세 시세(만 원)	용적률
650	2002년 10월	20,000	16,500	119%

• 전용 59.99㎡ 기준

송도 롯데캐슬은 박문중과 가까울 뿐만 아니라 초등학교(송현초)와 고등학교(박문여고)도 가깝다. 게다가 연세대 국제캠퍼스와도 사실상 붙어 있는 단지다. 인천1호선(캠퍼스타운역) 역세권 단지이기도 하다. 단지 바로 앞에 송도체육센터가 있어 수영장, 체육관, 헬스장 등을 편하게 이용할 수 있고, 1km 거리(

송도 글로벌파크베르디움

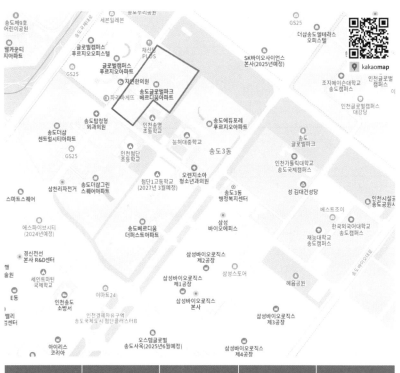

세대수	입주연월	매매 시세(만 원)	전세 시세(만 원)	용적률
1,153	2017년 11월	87,750	46,000	199%

· 전용 84.93㎡(B) 기준

박문중 동쪽에 있는 송도 캐슬앤해모로 아파트 너머)에 연세대 세브란스병원이 2026년 말 들어올 예정인 점도 고령화 시대의 호재다. 수변을 조망할 수 있고 건폐율이 14%에 불과해 동간 거리가 쾌적하다.

풍림아이원1차는 인천에서 네 번째로 특목고·자사고 진학률이 높은 공항중 주변 500m 내에서 평당 가격이 가장 높다. 게다가 500세대 이상이다. 사실상 공항중을 품고 있는 단지라고 할 수 있다. 길을 건너면 초등학교(삼목초)와 고등학교(공항고)도 있어 자녀들이 쉽게 등교할 수 있다. 매매가와 전세가의 차이가 크지 않아 갭투자자들의 눈길을 끄는 단지이기도 하다. 용적률이 낮아서 23평 대지지분이 19평에 이를 정도로 재건축 조건이 좋으나 아직 재건축을 본격적으로 추진한다는 소식은 없다.

송도 글로벌파크베르디움은 인천에서 다섯 번째로 특목고·자사고 진학률이 높은 능허대중 주변 500m 내 단지 중 평당 가격이 가장 높다. 지도에서 보다시피 능허대중뿐 아니라 초등학교(송명초, 첨단초), 고등학교(첨단고 개교 예정)를 6개 단지(송도 글로벌파크베르디움, 송도 에듀포레푸르지오, 송도 베르디움더퍼스트, 송도 더샵그린스퀘어, 글로벌캠퍼스푸르지오, 송도 더샵센트럴시티)가 에워싸고 있는 모양새라 학군의 균질성이 확보된다는 측면에서도 장점이 돋보이는 곳이다.

송도 글로벌파크베르디움은 인천1호선(테크노파크역) 준역세권 단지인 데다 현대프리미엄 아울렛 송도점, 홈플러스, 트리플 스트리트도 인접해 생활 편의성이 좋다. 그러나 또 한 가지 두드러지는 강점은 바로 직주근접이다. 단지 맞은편에 SK바이오사이언스 본사가 입주할 예정이며, 단지 인근에 삼성바이오로직스가 1~4공장까지 가동하고 2025년 상반기에는 제5공장을 가동할 예정이다. 게다가 롯데바이오로직스도 2030년까지 3개 공장 가동 목표로 착공을 시작해 송도 글로벌파크베르디움뿐 아니라 주변 단지들의 직주근접 경쟁력이 비약적으로 향상될 전망이다. 아울러 지금도 능허대중의 진학 실적이 우수하지만, 더 많은 대기업 직원의 자녀들이 입학한다면 추가적인 개선이 이뤄질 것이다.

대형 백화점

중학교	단지
롯데 인천점	–

대형 백화점은 광역시의 경우 전국 30위 안에 드는 매출을 기록한 백화점의 반경 500m 내 단지들을 추천 단지로 삼았으나 해당 기준에 들어가는 롯데 백화점 인천점 주변에는 500세대 이상 단지가 없어 추천 단지를 선정하지 않았다.

대형 병원

병원	단지
가천대 길병원	구월힐스테이트 롯데캐슬골드1단지
인하대병원	힐스테이트 숭의역
가톨릭대 인천성모병원	부평역 해링턴플레이스

대형 병원은 광역시의 경우 500병상 이상 병원 주변 단지들을 추천 단지로 삼기로 했다. 이에 해당하는 병원이 가천대 길병원, 인하대병원, 가톨릭대 인천성모병원이다. 해당 병원 주변 500m 내 500세대 이상 단지 중에 평당 가격이 가장 높은 곳을 추천 단지로 선정했다.

구월힐스테이트 롯데캐슬골드1단지는 5,000세대가 넘는 대형 단지로 가천대 길병원과 가까운 병세권 단지다. 단지 규모가 워낙 커서 모든 세대가 가

구월힐스테이트 롯데캐슬골드1단지

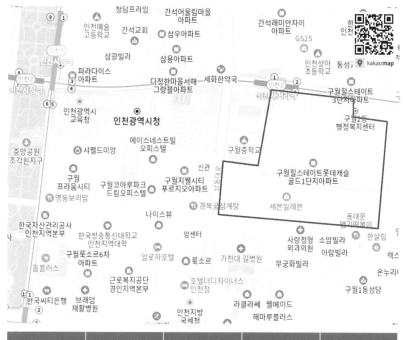

세대수	입주연월	매매 시세(만 원)	전세 시세(만 원)	용적률
5,076	2007년 8월	51,500	33,500	349%

• 전용 84.81㎡ 기준

천대 길병원을 이용하기 수월하다고 할 수는 없으나 일부 동의 경우 조금만
걸으면 가천대 길병원을 이용할 수 있다. 단지 규모가 크다 보니 사실상 4개
초등학교(석천초, 정각초, 구월초, 상아초)와 2개 중학교(구월중, 정각중)를 품에 안고
있는 학세권 단지이기도 하다. 석천사거리역(인천 2호선) 초역세권이며 인천광
역시청도 단지 옆에 있어 공무원 주거 수요도 풍부하다. 당연히 상권도 충실

힐스테이트 숭의역

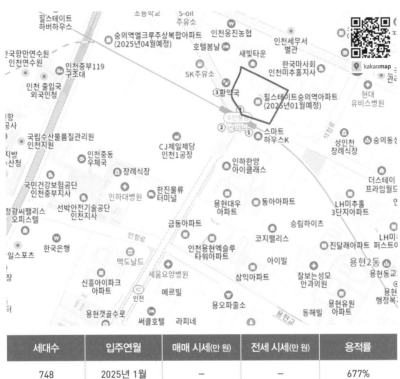

세대수	입주연월	매매 시세(만 원)	전세 시세(만 원)	용적률
748	2025년 1월	–	–	677%

• KB부동산 시세 미기재   • 전용 84㎡ 기준 2024년 3분기 평균 실거래가 : 매매 無, 전세 無

하다. 단지 서쪽으로는 인천시청 상권, 동쪽으로는 모래내시장이 있으며 단지
상가 역시 훌륭하다. 향후 GTX-B가 개통될 경우 인천시청역까지 한 정거장
이면 갈 수 있다. 다만 용적률이 높아서 정비사업을 하기에 쉽지 않다.

힐스테이트 숭의역은 2025년 1월 입주할 단지로 인하대병원 주변 500m
내에서 평당 가격이 가장 높아질 단지다. 그뿐 아니라 숭의역(수인분당선) 초역

부평역 해링턴플레이스

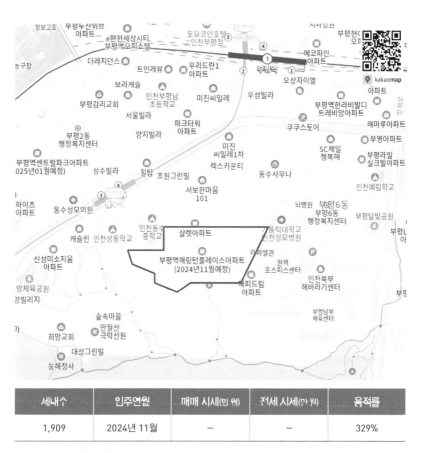

세대수	입주연월	매매 시세(만 원)	전세 시세(만 원)	용적률
1,909	2024년 11월	–	–	329%

• KB부동산 시세 미기재 • 전용 84㎡ 기준 2024년 3분기 평균 실거래가 : 매매 6억 2,185만 원, 전세 無

세권이라는 입지도 눈에 띈다. 수인분당선을 타고 두 정거장을 가면 송도역인데 KTX 역사 및 복합환승센터가 예정돼 있어 호재가 실현되면 추가적인 가치 개선이 기대된다. 단지 주변이 아직 정비되지 않은 부분이 있어 초등학교(신광초)와 중학교(광성중)까지 걸어가는 길이 다소 불편하다는 점은 아쉽다.

부평역 해링턴플레이스는 가톨릭대학교 인천성모병원과 붙어 있는, 인천의 대표적인 병세권 단지로 자리매김할 만한 곳이다. 그뿐 아니라 동수역(인천 1호선) 역세권 및 부평역(1호선) 준역세권 신축 단지다. 부평역에 GTX-B가 개통될 경우 서울로의 접근성도 크게 개선된다. 그리고 단지가 품고 있다시피 한 중학교가 여중(부일여중)에서 남녀공학(동수중)으로 바뀌었다. 이제 남학생이 있는 가정의 수요도 늘어날 것이다. 대신 초등학교(부평남초)가 다소 먼 점은 아쉽다. 그러나 단지 남동쪽에 391억 원이 투입돼 연면적 7,757m² 규모로 조성된 부평남부체육센터는 7개 레인 수영장과 헬스장, 다목적 체육관 등을 구비해 단지 입주민들의 삶의 질을 높이는 요소다.

신축 대단지

규모	단지
1위	e편한세상 부평그랑힐스
2위	인천 SK스카이뷰
3위	더샵 송도마리나베이

인천에서 입주한 지 10년 미만인 곳 중에 규모가 상위 3위 안에 드는 곳은 e편한세상 부평그랑힐스, 인천SK스카이뷰, 더샵 송도마리나베이로, 해당 단지들을 추천 단지로 삼았다. 원래 같은 조건으로는 더샵 부평센트럴시티가 가장 큰 규모의 단지(5,678세대)이나 3,578세대가 임대이므로 추천 대상에서 제외했다.

e편한세상 부평그랑힐스

세대수	입주연월	매매 시세(만 원)	전세 시세(만 원)	용적률
5,050	2023년 10월	–	–	–

• KB부동산 시세 미기재   • 전용 84㎡ 기준 2024년 3분기 평균 실거래가 : 매매 6억 5,000만 원, 전세 無

e편한세상 부평그랑힐스는 인천에서 입주한 지 10년 미만된 단지 중에 가장 큰 규모의 신축 단지이며(임대 비중이 60%대인 더샵 부평센트럴시티 제외) 청천2구역을 재개발한 단지다. 단지 남동쪽 일부 동은 산곡역(7호선) 준역세권에 포함된다. 단지 전체적으로 역세권이라고 하기 어려우나 입주 후 2년간 단지 내에서 산곡역(7호선), 부평역(1호선)까지 운행하는 무료 셔틀버스를 5대나 운영해 교통의 불편함을 줄이고 있다. 단지 규모가 크다 보니 상가에 웬만한 업종

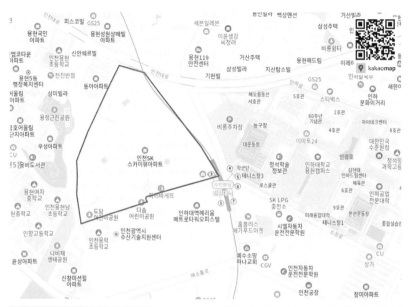

세대수	입주연월	매매 시세(만 원)	전세 시세(만 원)	용적률
3,971	2016년 6월	58,000	36,500	238%

• 전용 84.99㎡(A) 기준

은 다 들어와 있으며 커뮤니티 크기도 상당하다. 단지 내 물놀이장도 여러 군데인데 안전요원까지 있는 모습이 인상적이다. 주변이 신축 단지(부평캐슬앤더샵퍼스트, 부평두산위브더파크)로 정비된 점도 좋은 환경이다. 다만 단지 지상으로 차량이 이동할 수 있고 고등학교가 멀리 있다는 점은 아쉽다.

인천 SK스카이뷰는 인천에서 입주한 지 10년 미만된 단지 중에서 두 번째로 세대 규모가 클 뿐만 아니라 인하대역(수인분당선) 초역세권 단지라는 점이

더샵 송도마리나베이

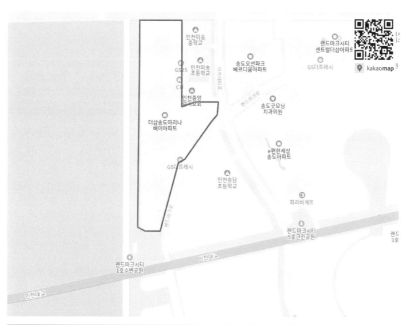

세대수	입주연월	매매 시세(만 원)	전세 시세(만 원)	용적률
3,100	2020년 7월	75,500	35,750	192%

• 전용 84.91㎡(B) 기준

눈에 띈다. 인하대역이 단지 바로 앞에 있어서 주변 상권이 잘 형성돼 있다. 길 하나 건너면 홈플러스도 있어 생활 편의성도 좋다. 준신축치고는 낮은 규모의 용적률(238%)과 건폐율(12%)답게 큰 규모의 중앙광장(센트럴파크)도 자리잡고 있다. 단지 주변을 공원(용정근린공원, 자연숲놀이정원)이 둘러싸고 있고, 길을 건너지 않고 초등학교(용학초)를 갈 수 있는 점도 좋다. 단지 서남쪽에는 길 하나 건너면 초등학교(용현남초), 중학교(용현중, 용현여중), 고등학교(인항고)도 있어 자녀들을 키우기에 안성맞춤이다. 단지 내 야간 조명도 매우 수려하다. 다만 단지 남쪽 1km 내외 지역에 신축 단지(시티오씨엘)들이 잇따라 입주하는 점은 수급 측면에서 신경을 써야 할 부분이다.

더샵 송도마리나베이는 인천에서 입주한 지 10년 미만된 단지들 중에 세 번째로 단지 규모가 큰 곳이다. 장단점이 명확한 단지이기도 하다. 우선 지도를 보면 알 수 있듯이 바다와 인천대교를 바라볼 수 있다. 단지 바로 앞에 수변공원(송도랜드마크시티 1호수변공원)이 단지와 연결돼 있어 산책하기도 좋다. 3,100세대나 되는 대단지인데도 용적률이 192%에 불과해 단지 넓이도 매우 크다. 사실상 초등학교(미송초)와 중학교(미송중)를 품에 안고 있는 단지라는 점도 매력적이다.

단점은 교통과 상권이다. 송도달빛축제공원역(인천1호선)까지의 거리도 1km 이상인 데다 주변 상권도 부족한 게 사실이다. 뷰가 최대 장점인 곳이다 보니 오션뷰와 비오션뷰 동의 가격 차이도 많이 난다. 인천대교 및 제2경인고속도로와도 인접해 있어 자차 교통은 편리하다.

부산

직주근접

역	단지
서면	(부전역) 삼한골든뷰센트럴파크
부산역	범양 레우스센트럴베이
연산	(물만골역) 연산 롯데캐슬골드포레

부산 지하철 역의 출근시간대 하차 인원 순위는 서면, 부산역, 연산 순이나, 서면역과 연산역 주변 500m 내에는 추천 단지가 없어 부득이 각각 한 정거장씩 떨어진 부전역과 물만골역 주변 신축 단지인 삼한골든뷰센트럴파크와 연산 롯데캐슬골드포레를 추천 단지로 선정했다.

263

학군

중학교	단지
해운대중	–
센텀중	더샵 센텀파크1차
해강중	동부올림픽타운

부산에서 2023년 기준 특목고·자사고 진학률이 높았던 중학교는 해운대중, 센텀중, 해강중 순이었다. 다만 해운대중은 주변 500m 내에 500세대 이상 단지가 없어 추천 단지를 선정하지 않았으며, 센텀중과 해강중 주변 단지에서 평당 가격이 가장 높은 곳인 더샵 센텀파크1차와 동부올림픽타운을 추천 단지에 선정했다. 참고로 해운대중 주변에는 해운대 동원듀크빌리지 1·2·3단지가 있는데 규모가 500세대에 미치지 못한다.

대형 백화점

백화점	단지
신세계 센텀시티점	트럼프월드센텀I
롯데 부산본점	서면2차 봄여름가을겨울
롯데 광복점	–

부산에서 매출 전국 30위 안에 드는 백화점은 신세계백화점 센텀시티점, 롯데백화점 부산본점, 롯데백화점 광복점이다. 롯데백화점 광복점 주변에는 아파트가 없어 추천 단지를 선정하지 않았고, 신세계백화점 센텀시티점과 롯데

백화점 부산본점 주변에서 가장 평당 가격이 높은 트럼프월드센텀I와 서면2
차 봄여름가을겨울을 추천 단지로 선정했다.

대형 병원

병원	단지
부산대병원	부민 e편한세상
동아대병원	동대신 브라운스톤하이포레
고신대 복음병원	풀리페

부산에서 병상이 가장 많은 병원은 부산대병원, 동아대병원, 고신대 복음병원
순이다. 해당 병원 주변 500m 내에서 평당 가격이 가장 높은 부민 e편한세
상, 동대신 브라운스톤하이포레, 풀리페를 추천 단지로 선정했다.

신축 대단지

규모	단지
1위	레이카운티
2위	래미안 포레스디지
3위	동래 래미안아이파크

부산에서 입주한 지 10년 미만된 단지들 중에 세대 규모가 가장 큰 곳은 레이
카운티, 래미안 포레스티지, 동래 래미안아이파크 순이다.

직주근접

역	단지
정부청사	무지개
대전역	(대동역) 신흥SKVIEW
시청	크로바

대전 지하철 역의 출근시간대 하차 인원 순위는 정부청사, 대전역, 시청 순이다. 그중에 대전역 주변에는 500세대 이상 단지가 없어, 한 정거장 떨어진 대동역 주변에서 평당 가격이 가장 높은 신흥SKVIEW를 추천 단지로 선정했다.

학군

중학교	단지
삼육중	호반써밋그랜드센트럴
대성중	대전 목동더샵
어은중	한빛

대전에서 2023년 기준 특목고·자사고 진학률이 높았던 중학교는 삼육중, 대성중, 어은중 순이었다. 각 중학교 주변 500m 내에서 평당 가격이 가장 높았던 호반써밋그랜드센트럴, 대전 목동더샵, 한빛을 추천 단지로 선정했다.

대형 백화점

백화점	단지
신세계 대전점	–
갤러리아 타임월드점	녹원

대전에서 매출 전국 30위 안에 드는 백화점은 신세계백화점 대전점과 갤러리아백화점 타임월드점이다. 신세계백화점 대전점 주변 500m 내에는 아파트가 없어서 추천 단지를 선정하지 않았고, 갤러리아백화점 타임월드점 주변 500m 내에서 평당 가격이 가장 높은 녹원을 추천 단지로 선정했다.

대형 병원

병원	단지
충남대병원	센트럴파크2단지
건양대병원	도안린풀하우스18단지
가톨릭대 대전성모병원	선화센트럴뷰

대전에서 병상이 가장 많은 병원은 충남대병원, 건양대병원, 가톨릭대 대전성모병원이다. 그리고 해당 병원의 주변 500m 내에서 평당 가격이 가장 높은 센트럴파크2단지, 도안린풀하우스18단지, 선화센트럴뷰를 추천 단지로 선정했다.

신축 대단지

규모	단지
1위	e편한세상 대전에코포레
2위	트리풀시티 레이크포레
3위	대전동일스위트리버스카이1단지

대전에서 입주한 지 10년 미만된 단지들 중에 세대수가 가장 많은 단지는 e편한세상 대전에코포레, 트리풀시티 레이크포레, 대전동일스위트리버스카이1단지 순이다.

광주

직주근접

역	단지
남광주	무등산 아이파크
평동	(도산역) 송정 우방아이유쉘
광주송정	

광주 지하철 역 출근시간대 하차 인원 순위는 남광주, 평동, 광주송정 순이다. 남광주역 주변에는 무등산 아이파크가 있지만, 평동역과 광주송정역 주변에는 500세대 이상 단지가 없어 각각 한 정거장 떨어진 도산역 주변에서 평당 가격이 가장 높은 송정 우방아이유쉘을 추천 단지로 선정했다.

학군

중학교	단지
진남중	송화마을 휴먼시아5단지
운림중	–
봉선중	e편한세상 봉선셀레스티지

광주에서 2023년 특목고·자사고 진학률이 높았던 중학교는 진남중, 운림중, 봉선중 순이었다. 다만 운림중 주변에는 500세대 이상 단지가 없어 추천 단지에 포함하지 않았고, 진남중과 봉선중 주변에서 평당 가격이 가장 높은 송화마을 휴먼시아5단지와 e편한세상 봉선셀레스티지를 추천 단지로 선정했다. 참고로 운림중 주변 단지 중에 평당 가격이 가장 높은 곳은 금호베스트빌이나 단지 규모가 262세대에 불과하다.

대형 백화점

백화점	단지
신세계 광주점	광천e편한세상

광주에서 매출 전국 30위 안에 드는 백화점은 신세계백화점 광주점이다. 그리고 신세계백화점 광주점 주변 500m 내에서 평당 가격이 가장 높은 광천e편한세상을 추천 단지로 선정했다.

대형 병원

병원	단지
전남대병원	무등산 아이파크
조선대병원	

광주에서 500병상 이상을 소유하고 있는 대형 병원은 전남대병원과 조선대병원이다. 두 병원은 사실상 대로를 두고 맞은편에 있는데 두 병원에 가장 근접하고 평당 가격이 높은 곳은 무등산 아이파크다.

신축 대단지

규모	단지
1위	그랜드 센트럴
2위	유니버시아드 힐스테이트
3위	세계수영선수촌 중흥S클래스센트럴

광주에서 입주한 지 10년 미만된 단지들 중에 세대 규모가 가장 큰 단지는 그랜드 센트럴, 유니버시아드 힐스테이트, 세계수영선수촌 중흥S클래스센트럴 순이다.

직주근접

지역	단지
울주군	문수산 동원로얄듀크
	굴화강변월드메르디앙
동구	e편한세상 전하
	전하 아이파크

울산시 구별 상용근로자 수 및 연평균 증가율

	2021년	2022년	2023년	CAGR
중구	31	30	29	−3.3%
남구	105	108	108	+1.4%
동구	59	64	64	+4.2%
북구	86	87	85	−0.6%
울주군	78	90	93	+9.2%

• 단위 : 천 명   • 출처 : 통계청

울산은 지하철 역이 없어 출근시간대 하차 인원을 산출할 수 없다. 따라서 경기도와 마찬가지로 다른 기준을 세웠는데, 바로 상용근로자 증가율이다. 표에서 보면 울주군과 동구의 상용근로자 증가율이 가장 높다. 따라서 울주군과 동구에서 500세대 이상이면서 평당 가격이 가장 높은 단지들을 직주근접 추천 단지에 반영했다.

학군

중학교	단지
학성중	문수로2차아이파크1단지
연암중	화봉벽산늘푸른
대현중	평창현대3단지

울산에서 2023년 특목고·자사고 진학률이 높았던 중학교는 학성중, 연암중, 대현중 순이다. 각 중학교 주변 500m 내에서 평당 가격이 가장 높은 곳인 문수로2차아이파크1단지, 화봉벽산늘푸른, 평창현대3단지를 추천 단지로 선정했다.

대형 백화점

백화점	단지
현대 울산점	평창현대2단지

울산에서 매출 전국 30위 안에 드는 백화점은 현대백화점 울산점이다. 그리고 현대백화점 울산점 주변 500m 내에서 평당 가격이 가장 높은 단지는 평창현대2단지이므로 추천 단지로 선정했다.

대형 병원

병원	단지
울산대병원	울산지웰시티자이2단지

울산에서 500병상 이상을 소유하고 있는 대형 병원은 울산대병원이다. 울산대병원 주변에서 평당 가격이 가장 높은 곳은 울산지웰시티자이2단지이므로 추천 단지로 선정했다.

신축 대단지

규모	단지
1위	힐스테이트 이스턴베이
2위	양우내안애 더퍼스트
3위	영남 알프스타운

울산에서 입주한 지 10년 미만된 단지들 중에 세대 규모가 가장 큰 단지는 힐스테이트 이스턴베이, 양우내안애 더퍼스트, 영남 알프스타운 순이다.

에필로그

다가오는
티핑포인트

티핑포인트(tipping point)는 일련의 작은 변화가 크고 폭발적인 변화를 일으킬 만큼 중요해지는 지점을 말한다. 우리말로는 임계점, 변곡점으로 불린다. 대표적인 티핑포인트로는 '기후 티핑포인트'가 있다. 관련 업계에서는 산업화 이전보다 기온이 1.5도 이상 높아지면 기후 티핑포인트를 넘어설 것이라고 보고 있다. 가령 흰 눈이 덮인 얼음은 햇빛을 80% 이상 반사하고 얼음이 없는 짙은 색의 바다 표면은 햇빛을 95% 이상 흡수하는데, 기온이 올라가 해빙이 줄어들면 햇빛은 덜 반사되고 더 흡수돼 수온이 더욱 상승하고 이것이 해빙을 더 줄어들게 만든다. 그뿐인가.

전 세계로 열과 염분을 수송하고 대기 중의 이산화탄소를 바다로 흡수하는 데 기여하는 것이 북대서양 해양 순환이다. 그런데 수온 상승으로 빙하가 녹아 민물이 들어가면 바닷물의 밀도가 낮아져 해양 순환이 느려지면서 동시다발적인 문제를 일으킨다. 또한 영구동토층이 녹으면서 영구동토층에 함유돼 있는 수천억 톤의 탄소가 방출되기 시작해 지구온난화를 더욱 가속화시킬 수 있다. 두세 가지 예만 들어서 이 정도지, 더욱 많은 연쇄작용이 일어날 것이 우려되는 현실이다. 오죽했으면 미국 핵과학자회는 지구 종말 시계가 종말을 의미하는 오후 12시(자정)까지 불과 90초만 남았다고 이야기했을까? 참고로 지구 종말 시계란 '운명의 날 시계'로도 불리며 핵무기 또는 기후변화로 인류 문명이 얼마나 위험에 노출돼 있는지 알리기 위해 제작된 시계다.

우리나라에도 비슷한 일이 벌어지고 있다. 바로 '출생아 급감'이다. 나는 사실상 티핑포인트를 넘어섰다고 생각한다. 이미 돌이킬 수 없는 상황이 벌어지기 시작한 것이다. 앞서 프롤로그에서 2013~2015년 44만여 명에 이르렀던 연간 출생아 수가 지속적인 감소 끝에 2023년에는 23만여 명까지 떨어졌으며, 2023년생이 입학하는 초등학교는 2030년, 중학교는 2036년, 고등학교는 2039년, 대학교는 2042년에 이미 절반이 사라진다고 해도 과언이 아니라고 언급했다. 그리고 시차를 두고 진행되는 교육 인프라의 붕괴는 그 이후 이들이 사회에 나올 시점에 국방·노동·의료 등 각종 분야로 그 영향이 퍼질 수밖에 없을 것이라고도 말했다.

그렇다면 왜 이미 돌이킬 수 없는 상황에 돌입했다는 것일까? 간다하게 설명하기 위해 인구가 200명이라고 가정해보자. 이 경우 출산율이 2.0명을 유지해야 200명의 인구를 유지할 수 있다. 그런데 출산율이 반토막이 나서 1.0명이 되면(실제 우리나라는 그보다도 낮지만), 다음 세대에서 인구는 200명에서 100명으로 줄어든다. 문제는 인구가 100명이 된 시점에서 갖은 수단과 방법을 동원해서 결국 출산율을 2.0명으로 올려도 인구는 100명을 유지할 뿐 200명으로 돌아갈 수 없다는 것이다. 모수 자체가 쪼그라들었기 때문이다. 즉, 우리나라가 모든 정책적 수단을 동원해서 출산율을 정상 수준으로 회복해도 현재의 인구로 돌아갈 길은 이미 요원하다는 이야기다. 내가 인구 측면에서 티핑포인트를 넘어섰다고 보는 이유다.

그렇다면 부동산에 미치는 영향도 자명하다. 앞에서도 설명한 바와 같이 저수지에 가뭄이 닥치면 외곽부터 말라붙듯이 부동산도 비핵심지부터 공동화되는 현상은 이미 막을 수 없다. 그리고 핵심지로의 쏠림 현상이 더욱 가속화되면서 양극화도 지금보다 훨씬 심해질 것이다.

한반도미래연구원의 '2024년 인구보고서'에 따르면 2050년이 되면 전국에서 10채 중 1채는 빈집이 된다고 한다. 프롤로그에서 밝혔듯이 1분위(상위 80~100%) 아파트 대비 5분위(상위 0~20%) 아파트의 매매가 배율이 갈수록 올라가고 있는데 이러한 현상은 앞으로도 지속될 가능성이 크다. 따라서 핵심지로의 접근은 선택의 문제가 아닌 생존의 문제다. 이 책을 읽는 모든 분들이 이를 빨리 깨닫고 움직였으면 한다.

앞서 대한민국 부동산의 정해진 미래 다섯 가지를 언급했는데 불확실한 변수 하나가 생겼다. 바로 '미국 트럼프 2기 행정부 출범'이다. 원고를 최종 수정할 때쯤 미국 대선 결과가 나와 이를 언급하고자 한다. 2025년 1월 정식 출범하는 트럼프 2기 행정부는 법인세 및 소득세의 대규모 감세와 저금리에 의한 경기 부양, 약달러 및 관세 인상으로 미국 제조업 경쟁력 확보를 누차 강조해왔다. 그런데 대규모 감세와 재정 지출 확대를 동시에 진행하려면 세수 외에 다른 재원 마련이 필요하다. 당연히 국채 발행 규모가 커진다. 국채를 더 찍어내면 국채 금리는 오를 수밖에 없으며 시장 금리가 오르면 자금이 고금리를 따라 미국으로 흘러 들어간다. 즉, 약달러가 아닌 강달러가 된다.

그뿐이 아니다. 트럼프가 공언한 대로 중국산 제품에 60%의 관세를 부과하고 다른 나라에도 일률적으로 10%의 관세를 부과하면 필연적으로 물가는 오를 수밖에 없다. 수입품을 대체해서 미국 제조업이 그 공백을 메운다고 해도 원가 경쟁력이 떨어지니 물가가 오르는 것이다. 결국 연준은 기준금리를 올려 물가 상승을 막을 가능성이 크다.

그러나 너무 걱정할 필요는 없다. 만일 트럼프의 정책이 강력하게 시행돼 시장 금리가 오를 경우 당장 부동산에는 하방 압력으로 작용할 수 있으나 이 경우 자금 조달 여건이 까다로워지면서 주택 공급도 끊기기 때문이다(이 메커니즘에 관해서는 48~49페이지에서 자세히 설명했다). 주택 공급이 끊기면 상방 압력의 축적(전세가율 상승)으로 이어지므로 다시 상승을 기다리면 된다. 다만 이 경우 시장 금리 인상기를 버텨야 하기 때문에 '영끌'은 지양해야 한다.

2017년부터 2020년까지는 매년 책을 내다가 그 이후에는 2년 주기로 책을 쓰고 있지만 점차 몸이 느끼는 피로도가 남다르다. 나이도 나이거니와 회사 생활도 갈수록 바빠지고 있어서 그런 것 같다. 그럼에도 이 작업을 계속하는 것은 내 의견을 정리하고 많은 사람에게 선보이는 일련의 과정과 결과물이 적지 않은 성취감을 제공해주기 때문이다. 그러나 독자들에게 그릇된 정보와 견해를 제공할 수는 없기 때문에 계속 성찰하고 노력하는 모습을 유지하려고 스스로 다짐한다.

위즈덤하우스 임경은 편집자님과 오래도록 맺어온 인연의 소중함을 느낀다. 쓰는 책마다 많은 그래프와 지도 들로 고생이 많을 텐데 지면을 빌려 감사함을 전하고 싶다. 부동산의 세계로 나를 이끌어주시고 지금도 인연을 이어가고 있는 부동산스터디 카페 대표 붇옹산님은 은인과 같은 분이라 늘 감사하는 마음뿐이다. 항상 격려를 아끼지 않는 블로그 이웃들과 카페 회원 모두에게 감사드린다. 마지막으로 함께하는 소중함을 늘 느끼게 해주며 내 정신적 버팀목이 돼주는 아내와 딸, 아들에게도 사랑하고 고맙다는 말을 전하고 싶다.

과거에는 기회를 놓쳐도 다음 기회를 노리면
어느 정도 만회할 수 있었다. 경제는 성장하고 인구가 늘어났기에
어느 지역의 부동산을 사더라도 결국에는 올랐다.

그러나 지금까지의 성공 방정식이 바뀌고 있다.

점차 우리에게 주어지는 기회가 줄어들고 있다.

이것이 내가 "부의 사다리가 곧 끊어진다"라고

경고하며, 상급지 입성을 서두르라고 말하는 이유다.

빅데이터로 짚어낸 다시 오지 않을 부의 타이밍
상급지 입성 마지막 기회가 온다

초판 1쇄 인쇄 2024년 11월 13일
초판 1쇄 발행 2024년 11월 27일

지은이 삼토시(강승우)
펴낸이 최순영

출판2 본부장 박태근
경제경영 팀장 류혜정
편집 임경은
디자인 김태수

펴낸곳 ㈜위즈덤하우스   **출판등록** 2000년 5월 23일 제13-1071호
주소 서울특별시 마포구 양화로 19 합정오피스빌딩 17층
전화 02) 2179-5600   **홈페이지** www.wisdomhouse.co.kr

ISBN 979-11-7171-314-1 03320